U0942259

真的上教會？

教會敬拜、事奉與使命的重塑

約拿單．威爾遜 著
陳永財 譯

基道出版社

▼

信念再思叢書

真的上教會?

教會敬拜、事奉與使命的重塑

Why Church Matters

Worship, Ministry and Mission in Practice

作者

約拿單．威爾遜 Jonathan R. Wilson

譯者

陳永財

責任編輯

吳國雄

裝幀設計

奇文雲海．設計顧問

■

出版／發行

基道出版社

香港沙田火炭坳背灣街26號富騰工業中心1011室

LOGOS PUBLISHERS

Unit 1011, Fo Tan Ind. Centre, 26 Au Pui Wan St., Shatin, Hong Kong

電話：(852) 2687-0331　傳真：(852) 2687-0281

網址：http://www.logos.com.hk

承印

藍馬柯式印務有限公司

●

10/2008 初版

Cat. No. LP364

ISBN: 978-962-457-368-8

Originally published in English under the title *Why Church Matters*
by Brazos Press, a division of Baker Publishing Group,
Grand Rapids, Michigan, 49516, U.S.A.

刷次	10	9	8	7	6	5	4	3	2	1
年份	2017	2016	2015	2014	2013	2012	2011	2010	2009	2008

中文版序

約拿單・威爾遜

溫哥華，克里神學院

麥克唐納神學教授

我的書能夠出版中文版，令我很感激，也很樂意寫一個簡短的序言。這本書從西歐文化中的教會歷史這個角度寫成。因此我提供的「教訓」直接與那歷史有關。不過，這本書同時以三個重要的方式與中國教會有關。首先，中國教會與西歐文化和基督教相遇，並由這種相遇模塑，因此，這些教訓也是給中國教會的教訓。這相遇有悠久的歷史，也有豐富的當代面向。因此這裏提供的分析，以及從那些分析得出的教訓，都有助中國教會明白西方教會的狀況，它的道德困境，以及它尋求更忠於福音的一些方法。

第二，雖然這些教訓源自西歐文化的教會歷史，但它們並不限於那個時空。這些教訓在這歷史中有清晰的焦點，但它們也是任何地方和時間的教會都必須注意的。藉著留意它們，在聖靈帶領各個地方和時間的教會，將看到它們需要接受一個或更多這些教訓，藉以在它們的時空中更忠心地生活時，教會都有資源可用。

第三，我在克里神學院（Carey Theological College）的中國學生告訴我，這本書的教訓現在也適切中國教會。中國教會肯定由與西方教會十分不同的歷史模塑，但有時我們卻從十分不同的路走到相似的地方。我的學生告訴我，現在的情況就是這樣。

因此我很高興這本小書以中文出版，我也相信在中國人見證福音和忠於耶穌基督的下一個大浪潮時，聖靈會祝福和引導這本小書在中國人中間的貢獻。

代序
麥金太爾的踐行與威爾遜

劉振鵬

香港浸信會神學院

實用神學（基督教倫理）助理教授

本文曾以〈實踐與基督教倫理〉為題載於《基道文字事工通訊》第37期，2008年5月，頁8～9。

麥金太爾與《德性之後》

無可置疑，麥金太爾（Alasdair MacIntyre）乃當今西方神哲界巨擘。筆者在侯活士（Stanley Hauerwas）的授課中，親聞他稱讚麥金太爾是他所認識的人中最睿智的一位。

今天，若稱基督教倫理學的「杜克學派」（Duke School）已在北美的神學界漸露頭角，侯活士功不可沒，而麥金太爾的貢獻亦不可輕蔑，因後者的重要著作《德性之後》（*After Virtue,*

1984）對前者的基督教倫理學有深遠的影響。麥金太爾透過對啟蒙文化的論述道出今天西方社會面對的文化危機。他以〈令人不安的啟發〉（"A Disquieting Suggestion"）作為此書第一章的題目，指出當下所用有關道德的文字與語言已陷於極大的混亂，所以當下的道德觀是支離破碎的，而最重要的部分卻不見了。他不諱言「縱然我們繼續使用一些關鍵的措詞，但我們所擁有的實在只是道德觀的幻象……在理論上和實際上，我們已經失去對道德觀的理解力」（頁2）。

簡言之，當十七、十八世紀的啟蒙運動興起，在中世紀以前一直支配著西方文化的道德觀被摒棄，西方社會便出現道德倫理的真空，這是文化和道德的災難。筆者試以一個類比作說明，這種道德倫理的真空就如漢堡飽中的牛肉不見了，我們會問：「牛肉在哪裏？」麥金太爾斷言惟有重拾被啟蒙運動丟進茅厠的德性倫理（virtue ethics），才可重整已崩潰的西方倫理觀，而德性倫理的塑造必須透過人們的社羣性踐行（human social practices）來建立，而這等踐行乃建基於對生命敍事的理解。

威爾遜與教會

約拿單．威爾遜在杜克大學受教於侯活士，期間開始研讀麥金太爾的作品；自此，他便與麥金太爾結下不解的學術淵源。到目前為止，威爾遜已有三本著作採用麥金太爾的德性倫理來探討基督教倫理；其中《破碎世界裏的忠心教會》（*Living Faithfully in a Fragmented World*）是以其德性倫理的論述來建構基督教倫理，而《真的上教會？》（*Why Church Matters*）則以其踐行（practices）觀念來建構一個教會論（ecclesiology）的論述。

在《破碎世界裏的忠心教會》中，威爾遜的寫作信念是：西方教會面對的一個危機，是失去對福音的忠心（faithfulness），而當代西方文化的轉變，正好為西方教會提供一個重新檢視生命和重拾忠心見證的大好機會。威爾遜深入淺出地解讀《德性之後》的內容，讓讀者明白麥金太爾的論點，從而理解啟蒙運動對西方世界的影響，特別對道德觀、倫理和基督信仰所帶來的禍害。麥金太爾提出的處方是恢復亞里士多德的古典道德傳統，即德性倫理；由於德性倫理的一些限制，故麥金太爾作出修訂，包括五個元素：人類存在的目的（the *telos* of humanity）、一個活的傳統（a living tradition）、一種踐行的觀念（a concept of practices）、對德性的論述（a discourse of virtues）和承載這些元素的羣體（the community carrying the elements）。

威爾遜於《破碎世界裏的忠心教會》中，對麥金太爾論述的弱點加以關鍵性地作出修改和補充。因為威爾遜認為麥金太爾在《德性之後》「提倡恢復道德傳統，但他的論述卻沒有特定的道德傳統存在」（頁59），所以其建議猶如「沒有頭部的軀幹，人們可以在上面接上任何數量的頭部」（頁59），換言之，一個沒有靈魂的軀體是極之危險的。故此，威爾遜在麥金太爾的論述加上一些重要的神學實質，他深信「在恢復亞里士多德的傳統時，麥金太爾給教會一些在破碎的世界中生活的指示。那個傳統需要根據福音進行很多再思」（頁72）。

威爾遜要讀者明白教會是一個蒙召的羣體，透過生命的踐行，在信仰的傳統中忠心地見證福音的德性，讓世界知道人類存在的 *telos*。在《真的上教會？》中，作者更一針見血地指出：由於失去了忠心作見證的踐行，所以當下的教會變得「口水多過茶」（“more wordy”，港式用語，有「空談卻不實行」的意思），惟有以説理和説教替代忠心的見證和德性的踐行（頁11）。這是否當下香港教會的景況？香港的教會是否只會用口講福音，不會以生命踐行和見證福音？

總括而言，上述威爾遜的著作，在不同程度上幫助我們進入麥金太爾的世界，了解啟蒙文化給西方基督教世界所帶來的衝擊及為德性倫理所奠定的基礎。威爾遜透過神學反省，修訂麥金太爾論點的弱點，建構一個正確和適切的教會論論述，使教會明白其存在的 ***telos*** 和成長之道。這些作品是每位基督的門徒必讀的好書，更是基督教倫理學的上佳教材。

參考書目：

MacIntyre, Alasdair. 1984. *After Virtue: A Study in Moral Theory*. 2nd ed. Notre Dame, Indiana: University of Notre Dame Press.

Wells, Samuel. 2004. *Improvisation: The Drama of Christian Ethics*. Grand Rapids, Michigan: Brazos Press.

Wilson, Jonathan R. 1998. *Gospel Virtues: Practicing Faith, Hope & Love in Uncertain Times*. Downers Grove, Illinois: InterVarsity Press.

Wilson, Jonathan R. 1998. *Living Faithfully in a Fragmented World: Lessons for the Church from Macintyre's "After Virtue"*. Harrisburg, Pennsylvania: Trinity Press International.

Wilson, Jonathan R. 2006. *Why Church Matters: Worship, Ministry, and Mission in Practice*. Grand Rapids, Michigan: Brazos Press.

Wilson, Jonathan R. 2008. *Living Faithfully in a Fragmented World: Lessons for the Church from Macintyre's "After Virtue"*. Eugene, Oregon: Wipf & Stock Publishers.

原書序

為甚麼教會重要？因為「教會」給上帝的百姓以名字——他們透過聖靈的工作，讓上帝在耶穌基督裏對世界的愛為人所知。「為甚麼教會重要」（“Why Church Matters”，即本書英文原書書名）是這本書的核心，但我這本書的暫定書名是「踐行的教會」（Practicing Church）。所謂「踐行的教會」，我主要是指：由於上帝在基督裏的愛積極地在世界工作，教會的見證就只是有分於上帝的工作。我在這本書建立和應用的踐行觀念，為闡明上帝的救贖工作，並進一步令教會能夠見證那工作。

因此這本書是關於「踐行的教會」作為一羣由人所形塑的羣體，他們一起的生活，見證上帝對創造的救贖——上帝在耶穌基督裏，為祂、並且透過祂實現那救贖。只有在聖靈的能力所支持的羣體中，才有可能見證那救贖。活出耶穌的樣式的羣體是教會，是門徒的羣體。有時我們藉著忠心地活出福音而見證耶穌基督；有時，我們不忠心地生活時，便藉著在世界面前承受上帝的審判，藉著承認我們的罪，藉著轉向上帝仁慈的赦免而見證耶穌基督。而這赦免是全世界都需要的。

這本書是為了讓我們在耶穌基督的路上更忠心，並令我們在不忠心中，能夠認罪和得到赦免。要實現這目標，我集中焦點在「踐行」（practice）這個觀念上，而這個觀念超越「單單去作」（just do it）。第一章解釋這個踐行的觀念，那會引導接著的各章。其後的各章，分為三個部分。第一部分關注的，是生發和支持教會生活的那些踐行。第二部分處理那些我認為特別需要革新的踐行。第三部分處理的踐行，是建基於前面各章的（關於基礎和革新這兩部分）。在第三部分，我刻意使用形塑（formation）的比喻，而不是建築（construction）的比喻來提醒我們，雖然新約往往將教會描述為建築物，但也藉著把教會描述為有機體——基督的身體——這類語言，以作補充。

在這本書，我想對教會的踐行提供一個頗為全面的論述：牧者的角色、福音的宣告、聖禮的歡慶、崇拜、佈道、紀律，以及很多作為踐行的活動都得到闡述。當然，這一切都不能化約為踐行；每一種都遠遠不單是踐行。但將每一種當為踐行來研究，將開展很多新的方法以理解和活出這些活動。驟眼看來，這些踐行可能似乎主要與教會的「內在」（inward）生活有關——是甚麼構成和支持教會的生活，而不是關注甚麼能將教會的使命（mission）帶到世界。不過，我確信內在和外在（outward）的區別雖然有用，但也會誤導我們。教會的（內在）生活是它的（外在）使命，而教會的使命就是它的生活。在以下各章，我論述教會的生活作為它的使命。

這著作受多年以來身為牧師的兒子這個身分形塑。我十分清楚教會的生活，以及它的生活可以怎樣出錯。多年間，偶然成為我牧師的知己，特別是李（George Lee）和沃辛頓（Milton Worthington），也影響這本書的形塑。在溫哥華（Vancouver）

第一浸信會（First Baptist Church），非正式但卻徹底地於貝爾（Roy Bell）的指導下當見習，並接受安德森（Don Anderson）的正式教導（mentoring），也明顯影響這書的形塑。我三年任職部分時間院牧的經驗，給我另一個角度看教會的異象和別人對教會的看法。我自己在埃德蒙茲浸信教會（Edmonds Baptist Church）的牧職（一九八〇年至一九八六年），迫使我尋求一些思想和帶領的方法，是能夠幫助一間教會恢復它的身分（identity）和使命的。我在杜克大學（Duke University）的博士研究，讓我對自己著作和事奉中發展出來的踐行，有更細緻的理解。自從在杜克大學攻讀博士以來，我在蒙特切特奧立約教會（Montecito Covenant Church）、聖巴巴拉社區教會（Santa Barbara Community Church）和肯維爾聯合浸信教會（Kentville United Baptist Church）的生活中學習作門徒。

我將這本書獻給我太太，她對教會的不耐煩和對禱告的耐性，對於教會的忠心（church's faithfulness）所作出的貢獻，比我寫的任何著作所作出的都要大。我也想肯定北卡羅來納州（North Carolina）達勒姆的沃爾鎮社區（Walltown Neighborhood of Durham）的基督徒羣體魯拜之家（Rutba House）的貢獻。我們的女兒莉婭（Leah）和女婿喬納森（Jonathan）在那裏和很多人一起活出和踐行耶穌基督的好消息。

目 錄

第一部

基　礎

1
關於踐行和實踐神學

為甚麼在一年的某些時間，美國的青少年在清晨前起牀，走到天花板很高的巨型建築物，在地上的直線之間全速奔跑，直到氣喘？他們拍打和拋擲充了氣的橙色圓球，在彼此周圍跑那錯綜複雜的路線？一個成年人則在喊出指示，高聲糾正他們，偶然以尖銳的哨子聲劃破空氣？當然，那是因為他們都委身於籃球。惟有這些行動以提高籃球技術為目的，這些青少年和他們家長的犧牲，才有意義。

為甚麼數以百萬計各種年紀的美國人（和世界各地的其他人），每天早上，比實際需要稍為早一點起牀？閱讀二、三千年前的文本的譯本？讚美上帝和向祂祈求？在放假時聚集在一起？向上帝歌唱？承認他們的罪？歡慶自己得到赦免？獻出金錢？聆聽講道？吃一小片麵包？喝一小杯酒？當然因為他們是教會。

教會做這些事情，但我不認為身為教會的我們，真的清楚知道，**身為教會**，我們需要做甚麼；或者為甚麼**身為教會**，我們做那些事情。在這本書，我希望清楚描述，身為教會，我們蒙召做甚麼；並有力地講述，為甚麼我們做那些事情。藉著此，我也希望幫助我們辨別我們在甚麼時候忠心，甚麼時候不忠心。

當開始把教會的活動看為重要的踐行時，我們必須超越那些我們與之搏鬥的標準問題，並思想為甚麼這些活動對教會有分於上帝的救贖工作是重要的。作為例子（我們稍後會回到這個例子），讓我們考慮教會守聖餐的意義。當然，我們可以藉著詢問某些關於聖餐的問題，區分教會的不同傳統。誰可以有分於聖餐？誰可以施聖餐？餅和酒有甚麼事情發生？聖餐這行動和救恩之間有甚麼關係？但我想提出另一個問題：守聖餐對教會的生活，代表著甚麼？

例如：教會是否把聖餐理解為上帝接待（hospitality）的行動，在其中上帝身為主人，歡迎我們到晚餐桌前？這個問題對我們不同的教會是否有意義？如果是有的話，對這個問題，又有沒有清晰和一致的答案？或者，至少有沒有細心反思？聖餐是否上帝接待的行動，並以人們守聖餐的方式活出來的？會眾在自己一起以及與世界一起的生活中，是否明白並活出這種接待？那活出又是否由聖餐模塑的？

模塑這本書的，就是這類就涵蓋教會生活所有範疇而提問的問題。為了提出和回答這些問題，我會運用一個「踐行」的觀念，那是近年在好些不同著作中發展出來的。因此我關注「踐行的教會」，不是因為我認為教會在排演（rehearsing；編按：practice 也有「練習」的意思）將會來到的真實事情，而是因為我認為，教會是因為它的踐行而成為上帝的百姓。這些踐行構成了教會，因為教會蒙上帝呼召，為耶穌基督的好消息作見證。

在結束對世俗化（secularization）的分析時，哈特（Julian Hartt）總結說：「最好的世俗性是……有力地反駁活在自欺中的基督徒。但對這種反駁的正確回應，不是放棄基督教信仰。更好的做法，是把它踐行出來。」[1] 這本書的寫成，是基於一個信念：哈特對踐行的號召，在今天比他最初發出時，更為重要。「踐行」對教會生活的重要性，植根於兩個信念：一個是關於福音，另一個是關於我們現在的處境。

首先，和很多其他人一樣，我確信耶穌基督的好消息基本上不是一套觀念或信仰系統，而是上帝的恩典在人類的生活中為人所知。教會是一個羣體，他們相信那好消息，並蒙上帝揀選為它作見證。教會的見證，不是見證它自己的生活，而是見證**上帝在教會的生活中的恩典**。由於那恩典是耶穌基督的好消息，它見證基督的來臨的整個歷史，包括祂在祂復活的能力中，透過聖靈持續地工作。[2] 福音的這恩典，既是審判又是救贖。恩典帶來的審判，顯示我們的罪，讓我們可以認罪、悔改和得赦免。恩典帶來的救贖，將我們的生命轉化為新人。因此，教會蒙召見證的好消息，基本上是一種生活方式。它必須「行出來」（acted out）；它必須踐行出來。

引導我關注踐行的第二個信念，是我們現時的處境。我確信對教會忠心見證的最大威脅，是缺乏對福音有活力和有生命力的踐行。教會的生活充滿忠於福音的踐行時，教會的見證，就只需指向那些踐行：「你想知道基督的愛（憐憫、恩典、饒恕）是甚麼意思嗎？唔，看一看『**那**關係』或『那會眾』吧」。在有活力的時候，教會不大需要用言語論證福音的真理；相反，它的論證在福音的踐行中，以及在恩典於教會的生活的臨在中可以找到。

沒有這種活力，教會便變得多言（more wordy），尋求以解釋及論證取代忠心的踐行；或者，教會渴望和瘋狂地推銷對往昔某段黃金歲月的懷緬。與這些衝動相反，我們需要的，是恢復那些踐行，這踐行是由上帝在教會的生活中的恩典所形塑的，而這踐行同時見證著這恩典。

由於福音和踐行之間那必不可少的關係，並由於在今天的教會生活中缺乏有力、充滿恩典的踐行，恢復教會的踐行對繼續忠心地見證福音是十分重要的。

教會中的很多教師，都在他們的著作中著重使用**踐行**。[3] 他們大部分對踐行的使用，對這本書都是重要的。但最顯著模塑這本書的踐行論述的，是麥金太爾的著作，我們會詳細研究他的論述。根據麥金太爾的論述，踐行是社會網絡的一部分，意義來自它們指向的 *telos*。換句話說，踐行不能脫離羣體的整個生活，以及內在和外在於它的關係。脫離 *telos* 的羣體性觀念（羣體正朝這 *telos* 移動），踐行也不能有任何意義。

由於 *telos* 是一個不常見的詞語，但它對揭示教會的踐行卻十分重要，我們需要更留意它。我從麥金太爾取用這個詞彙，他對這個詞彙的運用則源自亞里士多德（Aristotle）的理解。我堅持用 *telos* 這個詞而不是任何英譯，藉以保存它對亞里士多德、麥金太爾和我的論述的意義。

Telos 有點像「目的」或「目標」。某些東西朝向它，朝它移動。或者有些東西是為了它而製造，它是那些東西的目的。但如果以「目標」（goal）、「目的」（purpose）或「朝向」（orientation）作為 *telos* 的翻譯，卻很容易誤導我們，因為在我們這刻的文化，這幾個詞語都傳遞著一種「選擇」（choice）和「實現」（achievement）的意思；而 *telos* 在這裏的用法，則表示那是加諸其上的（imposed）。鎚子不能在鋸板或鎚釘子之間作選擇。它的 *telos*——鎚釘子——是因為它作為鎚子這個身分所應具有的功能而給予它的。當然，視乎它的設計，鎚子也可以有其他功能。重點是鎚子的 *telos* 是給予的（given），不是由它選擇的。

同樣，教會並沒有選擇它的目的或實現它的目標；相反，教會的 *telos* 是由上帝賜給它的。上帝選擇教會為福音作見證。教會藉著在自己的生活中顯示上帝恩典的審判和救贖以履行這使命。這些主張反映保羅在以弗所書所提出的論證。在那裏，保羅說他得到恩典，「使眾人都明白，這歷代以來隱藏在創造萬物之上帝裏的奧祕是如何安排的，為要藉著教會使天上執政的、掌權的，現在得知上帝百般的智慧。這是照上帝從萬世以前，在我們主基督耶穌裏所定的旨意。」（弗三9～11）

藉著上帝的揀選，教會的生活見證著上帝仁慈的智慧。為了推動這見證，這本書嘗試將教會的生活描述為踐行：即深具社會性的活動，而這活動將教會引進上帝為它決定的 *telos* 內。

要更全面地明白這點，讓我們再次思想守聖餐。在大部分對這活動的論述中，焦點都放在餅和酒有甚麼事發生，誰可以參與，誰可以施行，以及這行動與救恩相關時，有甚麼意義。這些都是重要的問題。但在這裏，我們有另一個取向，我們問：根據福音書所描述的耶穌的其他社會關係，在這個背景下耶穌和祂的門徒的原來的行動，有甚麼意義？我們會問耶穌與誰一起吃？而這些行動向我們顯示了甚麼關於耶穌的社交的事？這些場合和祂與門徒的最後晚餐有甚麼關係？這行動作為社會實踐（social practice），今天對我們有甚麼意義？我們可以怎樣更好地理解和活出它作為踐行的意義？在稍後詳細處理「與耶穌一起吃喝」時，我也會就今天教會的踐行提出一些具體的建議。

在日常生活，我們以簡單和普通的方式使用**踐行**（編按：英文 practice 也可理解為「練習」、「實施」、「實行」等）這個詞彙：練習鋼琴、練習足球、合唱團練習；實踐仁慈，「實踐你所宣揚的」；醫學工作（medical practice）、法律實務（legal practice）。第一組把實踐視作為真正的事情進行演練。第二組指踐行思想或理想。第三組以踐行作為一種複雜的活動，導引著其許多構成部分。我在這本書使用**踐行**的方式和第三種用法最接近，雖然它也有第二種用法的含義。我的用法和第一種用法相距最遠，實際上通常是與它相反的。

今天在好些範疇，都很好地應用踐行這個觀念。稍後我們會研究那些用法。在這一節，我們會仔細研究對我的論述最具決定性的踐行觀念——麥金太爾在他的重要著作《德性之後》發展出來的觀念。麥金太爾的論證和他對踐行的論述十分複雜，我會漸進地作介紹，藉以達到一種理解，而這種理解將作為本書餘下部分的基礎。

在《德性之後》，麥金太爾藉著講述啟蒙文化的故事，分析我們這個時刻的文化。他最有力的洞見，是宣稱在我們的文化中，我們拋棄了大部分關於人類生活和人類活動的 *telos*（那「美好」（the "good"），那受造的目的）的信念。這種對 *telos* 的放棄，令我們的行動失去任何真正的意義和重要性。結果，我們對我們所做的事不能給予任何有力的理由——除了「我所做的事令我感到愉快（feel good）」或「我做我所做的事，因為我選擇這樣做」外。當被問到為甚麼某些事情令我們「感到愉快」，或者為甚麼「選擇」那些事情時，除了重複上述的回答外，我們甚麼也不能做。

現在這種環境與過去相反。在以前，人們擁有關乎人類生活的 *telos* 的概念，並據此而行。在那個情況下，有人問「你為甚麼做你所做的事情」時，人們會回答：「因為這樣做令我能夠實現我為之而受造的 *telos*。」當然，並非每個人對那 *telos* 都有共識，但大部分人都同意，安排人類生活的正當方式，是根據對 *telos* 的特定信念的。這樣以 *telos* 為取向給一種生活方式賦予意義。

再次思想清早起牀，嚴格控制飲食，每星期花幾小時做運動的運動員。為甚麼他們這樣做？因為他們心裏有一個目標，是只能夠透過這些活動才能夠達到的。同樣，在十七世紀的啟蒙文化開始之前，人們的生活一般都是朝向某種 *telos*。雖然運動員明白參與某個特定的 *telos*，必然包括某些踐行，但我們的文化大致上已經失去了這種理解。

在對文化進行廣泛和深刻的批評後，麥金太爾以對踐行的一個複雜描述，將他的很多論述綜合起來。他將踐行描述為：

> 透過任何集體人類活動——社會性地建立的——的融貫和複雜的形式，內在於此種形式的活動的美好，在嘗試實現那些卓越的標準的過程中，會給實現出來（前述那些標準，是適合於和可部分地界定那種活動的形式的）；結果，是人類實現卓越的能力，以及人類對牽涉到的善的觀念，都得以系統性地擴展。[4]

這個定義將麥金太爾的論證的很多方面連繫起來。要明白這個定義，我們必須解釋其中的每一個元素。

踐行體現對美好的概念。如果有人觀察你的生活一個星期——你對時間的運用，你參與的活動，與你交往的人並你追求那些關係的環境，你怎樣花錢——那觀察者會認為甚麼對你是重要的？藉觀察你的生活，那人會認為你對美好的觀念是怎樣的？你的生活有沒有展示一些踐行，反映或體現你對人類生活的目的或目標有甚麼信念？還是你的生活只是隨意嘗試應付 *telos* 的闕如，以娛樂或消費或上癮來使你的注意力轉離那 *telos* 的闕如？

現在，問問教會這個問題。教會——你的會眾——的活動是否朝向關於教會的 *telos* 的信念？如果觀察你生活的人，現在觀察你教會的生活一星期或一個月，他或她能否清楚找出某些 *telos*，是教會的生活圍繞它來安排的？

你對人類生命受造的目的，有沒有清楚的概念？而這個目的給你生活的活動意義和重要性？你對在踐行中體現的人類的 *telos* 有沒有一個概念？你的教會對在教會生活中體現的人類 *telos* 有沒有清晰的概念？教會的活動有沒有形成體現那 *telos* 的踐行？你的生活和你教會的生活見證甚麼？踐行體現對「美好」的概念。你的生活和你教會的踐行，反映你對美好的甚麼觀念？

踐行構成一個羣體。根據麥金太爾的定義，踐行不是一個人的努力。踐行在一個關係的網絡裏發生，並要求有這樣的網絡。我們進行踐行時，便形成一個羣體。我可以自己用籃球射籃，但我不能夠自己「打籃球」——進行籃球的踐行。要進行踐行，要有整套的社會關係。同樣，我不能夠自己去實行基督教信仰。即使似乎是獨自進行的活動——閱讀聖經、自己禱告和其他活動，都倚靠聖經的保存和翻譯，以及建立和傳遞禱告這種踐行的社會網絡，除此以外，讀經和禱告都不算得上是忠心（faithful）的，除非它能擴展到羣體之中。

踐行朝向內在的美好。這是難以掌握的概念，但也是重要的。正如麥金太爾論證說，踐行朝向實現美好，是不能與它們有分於的 *telos* 分割的。換句話說，在某些特定的踐行中，內在的美好是內置於謀求實現卓越的。例如：關於那些內在於卓越的籃球中的美好，我們可以列出諸如敏捷、隊工、良好的防守、良好的搶籃板位置和其他。而相對於這些內在的美好，是外在的美好。在籃球中，我們可以列出的外在的美好，這包括金錢、名譽和地位。雖然我們可以透過打籃球實現這些外在的美好，但它們沒有一樣是在籃球上有卓越表現所固有的。個人可以藉著籃球以外的很多途徑得到金錢、名譽和地位。事實上，如果一個人打籃球是藉以實現一個或更多這些（外在的）美好，他或她便不再以打籃球作為一種踐行了。

這個「內在的美好」（internal goods）的觀念十分複雜和重

要，值得詳細思想，特別是因為我們日常生活的很大部分，都朝向外在的美好（external goods）。我們當然可以進行一系列活動，追求外在於那些活動的美好。但這樣做，令這些活動不再是我用「踐行」這個詞的意義上的「踐行」了。再次想一想籃球吧。在我提出的論述中，我們可以想像一羣朋友在每個星期二黃昏聚集在社區運動場打籃球，這比一羣精英、身價千萬美元的NBA（全國籃球協會）球星，更加以籃球作為一種踐行。

踐行擴展我們對美好的概念。我們必須有某種美好的概念，藉以進行朝向美好的概念的踐行。但我們對美好從沒有一種完滿和完美的想法，不過，我們的踐行擴展我們對美好的理解，以及我們有分於美好的能力。隨著個人籃球技巧的改進，一個人便開始更全面地明白團隊的意義。

教會中的踐行

在前一節，我闡釋麥金太爾對踐行的論述。那個論述雖然是這本書的基礎，但仍然在亞里士多德的傳統的界限以內。要麥金太爾的洞見對教會有幫助，這些洞見必須根據基督教傳統重塑。這樣做最清楚和直接的方法，是根據聖經的教導重新考慮踐行的每一個特點。

踐行體現一個美好的觀念。新約很多經文都以不同的詞彙描述教會的 *telos*。我不會在這裏指出，雖然這些經文使用不同的詞彙，但全都提出同一個 *telos*。我倒會簡單地細想其中一段基礎性的經文——馬太福音二十八章19至20節的大使命：「所以，你們要去，使萬民作我的門徒，奉父、子、聖靈的名給他們施洗。凡我所吩咐你們的，都教訓他們遵守。」這個使命給予教會它的 *telos*，並清楚表明某些活動體現那個 *telos*。我們會在較後的一章，詳細考慮這些活動的性質和它們彼此之間的關係。

在實行這個使命時，教會只是在新約中體現上帝的百姓在前約中蒙召去做的事。在申命記六章6至7節，摩西委派以色列：「我今日吩咐你的話都要記在心上，也要殷勤教訓你的兒女。無論你坐在家裏，行在路上，躺下，起來，都要談論。」這除了是「前約」對作門徒的描述，並以它作為上帝百姓的 *telos* 外，還是甚麼呢？

踐行構成羣體。教會的存在，不能脫離體現它的美好和構成它為羣體的踐行。也就是說，教會沒有植根於它的踐行以外的身分。教會在它的踐行以外沒有身分。它的第一個踐行是作門徒（discipleship），這是由上帝的呼召開始，並由這呼召使之成為可能的。上帝的呼召，肯定先於教會作門徒這踐行；而教會的構成，並不是先於它自己作門徒的踐行的。

在約翰福音，耶穌指示門徒，他們對彼此的愛會向世界顯示他們是祂的門徒。保羅的很多鬥爭，都正是為了陳明甚麼踐行構成新約的羣體而出現的。割禮可以嗎？不。對保羅來說，而且最終對教會來說，新約要求除去一些踐行，將另一些踐行重新朝向一個新的 *telos*，並學習一些新的踐行。但從羅馬書（特別是十二至十四章）、加拉太書和以弗所書可以清楚看到，我們可以將保羅的工作，部分理解為為新約的羣體——猶太人和外邦人——建立新的踐行。

踐行是朝向內在的美好。在以色列的歷史，我們可以清楚看到在某些時候，他們的踐行是朝向外在的美好。他們崇拜、獻祭和「尊榮」聖約，不是追求與上帝的關係，而是為了進一步的（外在）目的，包括物質富裕、政治權力或軍事保障而追求與上帝的關係。在新約，我們看到同一種動力——人們「追隨」耶穌，為了追求一些假設是更大的美好：脫離羅馬的統治、屬靈能力、宗教地位、身體健康。但追隨耶穌的美好，是……耶穌。正如愛德華滋（Jonathan Edwards）（和今天的派博〔John Piper〕）提醒我們，上帝的愛苦是為了上帝的榮耀。我們必須與詩人一起承認：「除你以外，在天上我有誰呢？除你以外，在地上我也沒有所愛慕的。」（詩七十三25）

在新約，初期的門徒反映了作門徒這種內在的美好的成熟朝向。彼得和約翰被囚禁，受審，被譴責和鞭打，但離開法庭時卻沒有因為自己有能力醫治別人，也沒有因為自己在傳道上成功，或者自己在眾人中的名聲而高興，而是因為「被算是配為這名受辱」而高興（徒五41）。同樣，保羅在腓立比書一章反映這種對內在的美好的朝向，他幾次回到基督的至高性——無論是他還是別人在傳福音，無論別人傳福音是否出於真誠的動機，無論他會死還是會生存下去。在每一次，重要的都是那獨一的美好——耶穌基督的福音可以讓那些仍未聽聞和相信的人得以知曉。

踐行擴展我們對美好的觀念。有些漁夫蒙召成為拿撒勒人耶穌的門徒時，他們對那是甚麼意思有一些了解，否則他們不能開始跟隨祂。但他們的理解肯定是不完整的。他們實行作門徒的踐行時，他們對那美好的理解，以及他們有分於那美好的能力都大大擴展了。同樣，新約裏要人成為門徒的呼召，不是要我們把在開始基督徒生活時已經清楚和完全知道的作門徒的概念，更好地活出來；相反，在新約（和今天）要人成為門徒的呼召，是開始一個歷險（adventure），在其中我們對成為門徒是甚麼意思的理解，會繼續增長。

這表示我們可以從理解我們生活中的罪開始，我們需要克服它。但我們很快發覺，我們的理解在範圍和深度上都是有限的。或許我們可以從要我們犧牲的微小要求開始，但我們很快發覺，我們蒙召去服事的地方，所要求的犧牲比我們最初想像的更大。我們也可以從對上帝的愛和恩典一些微小的理解開始，但這理解也隨著我們踐行崇拜而增加。如果我們想到偉大的歷險故事——例如托爾金（J. R. R. Tolkien）的《魔戒三部曲》（*Lord of the Rings trilogy*）——我們可以從中看到這種事情的引申例子。托爾金的哈比人（hobbits）和他們的同伴出發時，他們對自己蒙召的美好只有模糊的觀念。他們的踐行，令他們的理解和他們自己都深刻地得到轉化。以更深刻和永恆地重要的方式，門徒羣體對美好的觀念也因其踐行而得到轉化。

踐行令我們能夠有分於美好。從麥金太爾「實現美好」（achieve the good）的語言轉到「有分於美好」（participate the good）的語言，對聖經信仰是十分重要的。在亞里士多德的傳統中，有些人能夠**實現**美好，如果他們是男性，有幸由他們父母好好地模塑，有閒暇獻身於追求美好。女性、奴隸和那些必須以勞動來謀生的人都不能實現美好。

在基督教傳統中，恩典改變這一切。藉著恩典，上帝令我們有分於美好而不是實現美好。藉著恩典，有分於美好是所有人都可以的——猶太人和外邦人、奴隸和自由人、男性和女性。但那對比，不是在於亞里士多德的主動性和在基督裏的被動性；那對比乃在於實現的主動性和有分的主動性。沒有人可以實現救贖的恩典；但任何人靠著上帝的恩典都可以有分於上帝的救贖。這個區別對理解教會的踐行是十分重要的，特別是在我們此刻的文化。

在我們目前於北美洲歷史的位置中，我們似乎陷入兩個錯誤之中。一方面，我們面對著對人類實現的能力的一種異常的信心。從我們對科技、複製、幹細胞治療所作的努力和對人類力量勝過自然和將來的各種形式的信心中，我們可以看到這點。對社會大部分人來說，幾乎一切都是可能的。另一方面，我們也面對著藉躲進被動性之中，以作為對這種對科技的自大的一種回應。

這種被動性以一些行動為標記，這些行動試圖減輕那焦慮的想法：以為幾乎人類所有試圖控制自然和未來的嘗試，所帶來的害處都多於好處。從使用毒品、倚靠治療和花大量資源以娛樂來使人分心，我們可以看到這種失去信心的結果。

同樣的極端也存在於教會。一方面，我們以為營銷和管理技巧會帶來果效、成功和增長。另一方面，當我們墮進一個錯誤，以為我們不能作任何貢獻時，我們便完全被動。

要糾正這些錯誤，不是以某種綜合或中間路線，而是以第三種思想方式思考教會。在這第三種方式中，我們藉著上帝的恩典有分於上帝的工作。這種有分正好體現耶穌基督給教會的 *telos*，而這體現是由教會在踐行（我們會在以下各章探討）中學習的。

我一直描述的，是保羅在他的書信中也描述的。保羅使用有分於（participation）的語言描述我們「在基督裏」的生活。這種「在基督裏」的語言在保羅的以弗所書中是十分重要的。以弗所及其周圍的地方，在古代世界是十分吸引的地方。作為其中一個古代奇蹟——戴安娜神殿（the temple of Diana）——的所在，以弗所是值得自豪的地方。我在加州聖巴巴拉（Santa Barbara）居住的十四年間，學懂這種對地方的自豪。有一次到郊外旅行時，我和一個剛到訪聖巴巴拉的遊客交談。他讚美聖巴巴拉的美麗和富庶時，我自豪地說：「我**居住**在聖巴巴拉。」我強調「居住」時，表示自己有身為聖巴巴拉人的榮幸和身分。

針對以弗所人對地方、榮幸和身分的自豪，保羅將信徒置於**在基督裏**。這個位置，改變了關於我們的身分和榮幸的一切。身分和榮幸的感覺在聖巴巴拉是那麼大，以致它產生一本稱為《怎樣聖巴巴拉》（*How to Santa Barbara*）的書，描述「真正的聖巴巴拉人」應該怎樣做事情——購物、外出進食、駕車、旅遊等，只是偶然對這身分稍為挖苦一下。保羅給以弗所人的書信，是關於「怎樣**在基督裏**」（how to in Christ）的詳細指示。教會的踐行令我們能夠在基督裏。

保羅對我們的「產業」（inheritance）的描述，同樣使用主動性的語言，但不是那種實現的主動性。同樣，「有分於」在彼得於第一封信中所使用的產業的語言中反映出來，這也在他第二封信開頭的一章明確地反映出來。彼得知道我們的將來在基督裏是確定的，並號召我們現在活在那實在（reality）中：「上帝的神能已將一切關乎生活和虔敬的事賜給我們，皆因我們認識那用自己榮耀和美德召我們的主。因此，他已將又寶貴又極大的應許賜給我們，叫我們既脫離世上從情慾來的敗壞，就得與上帝的性情有分。」（彼後一3～4）藉著性格的形塑（formation）和踐行——那是從彼得呼召我們進行，而我們也會在這本書探討的——有分於上帝的應許和本性。

教會作為踐行

到目前為止，我描述的所有踐行的特點，都可以由將教會本身看作踐行來捕捉。雖然我不會希望我們的踐行，採用如下這種語言作為我們詞彙的一部分，但藉著談論「教會去」（churching），可能可以幫助我們思想教會作為踐行。我們是否一起「教會去」？我們今天有沒有「教會去」？這種語言的好處是它令我們以新的方式思想教會，這些方式忠心地闡明了聖經的經文。這種語言的危險，是它藉著提出「教會」只是偶然「發生」（happen）的東西，而不是在歷史中持續著的繼續體現的存在，從而否定或至少貶低教會的建制性性質。

脫離建制化結構，踐行便不能持久。最低限度，籃球隊需要知道在甚麼時間和地點練習，誰是教練，誰有運動場的鎖匙，誰會給籃球打氣至合適的球壓，比賽會在甚麼時間和地點舉行，誰會負責哪個位置，以及很多其他事情。

同樣，「教會去」也要求一些建制化形式。給教會的問題，不是有多少建制，彷彿傳道機構的大小和複雜性，會有一神奇的數值可供量度；此外，形式也不是要這樣理解，彷彿新約吩咐了一個清晰、充分發展的教會組織。教會的建制的問題倒是它促成還是妨礙教會的踐行，它能否體現那美好，它是否為內在的美好服務，它有否擴展我們對美好的觀念，以及它有否忠心地有分於上帝賜下的 *telos*？教會的建制是要為教會的踐行服務。在以下各章，我嘗試把教會的活動描述為踐行，並因而在闡述教會作為踐行時，也會帶著這個信念。

我回顧自己的牧養生涯，因為自己沒有看到「踐行的教會」的重要性而感到有點遺憾。在那間教會的第一年，我錯過了一個踐行教會的大好機會，也沒有教導會眾這樣做。埃德蒙茲浸信教會在社區中其中一件為人所知的事情，是每年一度的捐贈品義賣。這個義賣不是規模小，為期一天的活動。它長達一星期，吸引整個都會區的人來參加。教會的男士協助搭建整個義賣場地，婦女則花上大量精力在計劃和執行上。這個活動令我感到尷尬。它不像我學過的任何佈道活動。它是婦女宣教圈子整年中惟一主要收入來源這事實，也令我不快。我嘗試避開這活動，但教會一位明智的長老的一個電話，令我感到羞愧，所以我在第一天結束時短暫露面。

現在我想到，如果我協助將這事件模塑成教會的踐行，可以有甚麼事情發生。如果我可以在第一天開始時召集所有人，一起簡短地思想照顧窮人和給赤身露體的人衣服；如果我帶領大家，一起為那些會在那項活動中工作的人和那些會購物的人禱告；如果我有邀請大家對這項活動可以怎樣成為我們對福音的信念的一部分，以及更全面地整合到我們的宣教事工，作進行進一步思想；那會有多大不同。可以發生很多事情令那項活動朝向我們的 *telos*，模塑我們成為羣體，給內在的美好活力，並擴展我們對那美好的觀念，讓其他人可以聽到和相信耶穌基督的好消息。今天，我寫這幾章時，盼望上帝會使用這些文字為**踐行的教會**帶來生氣。

註釋：

1. Julian N. Hartt, *The Restless Quest* (Philadelphia: United Church Press, 1975), 113.
2. 關於「耶穌基督整個歷史」的論述，參 Jonathan R. Wilson, *God So Loved the World: A Christology for Disciples* (Grand Rapids: Baker, 2001)。
3. 我用「教會的教師」來廣泛地指所有負有這個責任的人，無論他們的稱呼是牧師、主教、聖經學者、神學家、教會歷史學者、講員、牧養輔導員或其他人。我也用這個詞語來提醒我們，這些人的首要責任是關乎教會，而不是學術。
4. Alasdair MacIntyre, *After Virtue: A Study in Moral Theory*, 2nd ed. (Notre Dame, IN: University of Notre Dame Press, 1984), 187。我在卑詩省（British Columbia）的本拿比（Burnaby）牧養一間細小的浸信會教會時閱讀這本書的初版，立即看到它對我的牧養和教會的生活的適切性。後來我在杜克大學攻讀博士學位時，這個觀念得到鞏固。這本書已經是我利用源自麥金太爾的洞見和範疇寫成的第三本著作。有關我對麥金太爾的分析，參 Jonathan R. Wilson, *Living Faithfully in a Fragmented World: Lessons for the Church from MacIntyre's "After Virtue"* (Valley Forge, PA: Trinity Press International, 1997)（中譯本：《破碎世界裏的忠心教會》〔香港：基道，2008〕）。有關我對麥金太爾的移用，參 Jonathan R. Wilson, *Gospel Virtues: Practicing Faith, Hope and Love in Uncertain Times* (Downers Grove, IL: InterVarsity Press, 1998)。

2
崇拜
作為工作、爭戰和見證

問題：甚麼是人的主要目的？

回答：人的主要目的是榮耀上帝和永遠享受祂。

這個問題和回答，來自〈威斯敏特小教理問答〉（Westminster Shorter Catechism）。這部十七世紀的作品是設計來教導正確的教義的。這個回答反映了較早的時代那種清晰的目的論式思想（teleological thinking）。人類受造的目的是甚麼？榮耀上帝和永遠享受祂。教會的使命是顯示這個目標，這個受造的目的，讓整個世界看到，以致其他人可以知道他們身為人類的主要目標。

因此，崇拜的活動——榮耀和享受上帝——是教會的主要踐行。事實上，我們必須根據約翰的異象，明白崇拜是教會的永恆目的。在約翰的啟示錄，崇拜的異象圍繞寶座達到高潮。首先，四活物和二十四位長老前來崇拜：

我們的主，我們的上帝，

　　你是配得榮耀、尊貴、權柄的；
因為你創造了萬物，
　　並且萬物是因你的旨意被創造而有的。（四11）

然後，在關於書卷的偉大戲劇後，同樣的演員向羔羊「唱新歌」：

你配拿書卷，配揭開七印；
因為你曾被殺，用自己的血
　　從各族、各方、各民、各國中買了人來，
叫他們歸於上帝，又叫他們成為國民，作祭司歸於上帝，
　　在地上執掌王權。（五9～10）

在這首歌後，天使加入活物和長老的行列：

曾被殺的羔羊是配得
　　權柄、豐富、智慧、能力、
　　尊貴、榮耀、頌讚的。（五12）

然後，在一個偉大的高潮中，整個宇宙的所有受造物都高唱：

但願頌讚、尊貴、榮耀、權勢
都歸給坐寶座的和羔羊，
直到永永遠遠！（五13）

整個創造都在敬拜。如果你聽過榮耀的合唱，或數以萬計的人高歌讚美，那你只是聽過和看過這一幕的蒼白的模仿。我們現

在對上帝的榮耀、尊貴、智慧和能力的認識，則甚至是更蒼白的！對那些真正敬拜過，曾經看過上帝的威嚴，無論是多麼模糊地看到的人，我們要榮耀和永遠享受上帝這個宣告，是宇宙的好消息。

教會蒙召實行作為踐行的，正是這活動。這踐行能最清楚地將教會分別出來，最清楚地顯示我們的呼召，並構成教會作為羣體。所以我會用三章來討論教會這個主要的活動。

崇拜作為工作

崇拜作為工作的踐行，藉著提到**禮儀**（liturgy），可以很容易分辨出來和記憶。在一些教會，「禮儀」是指崇拜的活動自然和平常的方式。其他教會認為自己是非禮儀的。找出這些不同傳統，就計劃崇拜、寫下來的禱告和認罪、會眾的參與、列隊行進時唱讚美詩進入教堂、禮服等所反映出來的差異，自有其重要性。

但我在這裏提到**禮儀**，是為了另一個原因。它由兩個希臘詞語組成，這兩個詞語提醒我們關於崇拜的工作。這兩個詞語是：*laos* = 眾人，和 *ergy* = 工作（或能量）。因此英語**禮儀**這個字詞可以提醒我們，崇拜是眾人的工作。

為甚麼崇拜是眾人的工作？首先，因為崇拜需要學習。我們沒有清楚看到這點，因為大部分我們學習崇拜和學習崇拜甚麼的方式，都是向我們隱藏的。我們學習著虛假的崇拜和偶像崇拜，是人類狀況的一個平常部分。我們的社會很早便開始模塑我們怎樣崇拜和崇拜甚麼。我們家裏沒有木像或石像，我們便以為自己沒有拜偶像。但我們都有拜偶像。我們圍繞富裕、成功、舒適、保障、健康和娛樂安排我們的生活。我們在今天的大教堂——商場、運動場、醫院、多影院戲院、汽車陳列室和水療中心——崇拜這些偶像。

要戒除這些虛假崇拜，並學習崇拜耶穌基督的上帝，需要工作，需要艱苦的工作。我們必須學習辨別我們為之而活的虛假的美好，以及我們用來追求這些虛假的美好的踐行。我們所犯的其中一個錯誤是，以為崇拜上帝能夠自然地出現，並可以「即時」學到，不需要指導。

但聖經充滿關於正確崇拜的指導。以色列的歷史，充滿他們在正確地崇拜這方面的失敗。學習崇拜，需要工作。（怎樣頻密地說也不為過。）崇拜也需要一羣人。

崇拜是人羣的工作，因為崇拜的踐行，不能單獨學習。在羣體中學習到的虛假的崇拜，必須在羣體中戒除。要抗衡羣體不斷教導我們虛假的崇拜的力量，惟一的方法是透過一個另類羣體的力量。沒有學習或支持崇拜作為忠於福音的踐行的羣體，我不能學習或支持這樣的踐行。我需要其他人同行，他們認同我們在美好中有分，以及認同我們可以怎樣如此行。我需要其他人分辨那些我仍然虛假地崇拜的方式。

崇拜是眾人的工作。它有恢復性（restorative）的作用，不是因為它容易，而是因為它將我們重新連繫到人類受造的目的。教會是委身於這個計劃的百姓，他們聚集在一起之時，期望崇拜發生，並為崇拜的發生履行責任。

由於崇拜是眾人的工作，它需要我們帶來的所有恩賜。崇拜並不倚靠由少數蒙揀選的人所擁有、狹窄範圍的恩賜。作為眾人的工作，崇拜是**所有**人的工作。無論有計劃而寫下，或者有計劃而沒有寫下，或者是自發和有秩序的——無論形式怎樣，我們的崇拜都必須釋放和包括眾人的所有恩賜。

如果沒有包括所有人的恩賜和天賦，便沒有事業、團隊或音樂合唱可以真正興盛。如果我們參加一個音樂會，樂團中百分之九十的成員只坐在椅子上，將樂器放在膝上，從不演奏一個音符，而其餘百分之十的成員則負擔所有工作，我們會感到奇怪。如果用這樣的描述來形容教會，會更奇怪得多。不過，我們作為教會所做的很多事情都是這樣。

如果崇拜作為踐行是眾人的工作，我們便必須小心思想我們崇拜的方式，刻意計劃我們崇拜的踐行，令它成為眾人的工作。要這樣做，我們必須繼續將這個宣稱放在教會面前。沒有球隊的教練會只站在場邊看球隊練習。教練的工作是指出和糾正錯誤，給予指示，並示範甚麼是卓越。雖然我認為用「教練」來形容牧者的角色是誤導，但教練的責任幫助我們看到，在眾人的工作中作指導的重要性。

而且，我們並非單靠模仿別人而學習新的工作。我們也必須就我們所做的事，以及我們為甚麼那樣做而接受教導。我年青時受僱為聯合包裹服務公司（United Parcel Service）搬貨物到貨車上。我開始工作前，沒有得到任何導引或訓練，工作時也沒有接受在職訓練。我做得很糟。我做得很慢，也犯了很多錯。幾個月後，我被解僱。大約兩年後，我回到聯合包裹服務公司，要求他們再僱用我——在那一帶，那間公司的兼職薪金最高。令我感到驚訝的是，他們重新僱用我。這次我接受了兩更在職訓練。我發覺原來有一個系統，可以有效和小心地裝貨物到貨車上。「築牆」的挑戰是正確地令盒子交錯地堆疊，這正好迎合我對模式和計劃的喜愛。很快我便成了我們「中心」所有裝貨員的訓練員。到訪的大人物都被帶到我的貨車看我工作——全因為有人教我如何「實踐」——我裝貨到聯合包裹服務公司的貨車。

當然，崇拜十分簡單。但它也十分複雜，因為它在我們生活的處境中發生。我們的生活是在這個背景中——我們與別人的關係、我們的社會、我們自己的歷史和我們對上帝的知識。這些複雜性表示崇拜是工作。

我們怎樣以與我們一起聚集崇拜的人的關係中看自己？我們是否明白我們都需要上帝的恩典？在上帝面前，沒有人比別人地位更高？這明顯是聖經的教導。雖然我們可能有不同的角色，但那些角色並不顯示屬靈上的優越；它們只代表上帝給我們每個人呼召——當羣體由我們的崇拜踐行構成時——去服事羣體。保羅在哥林多前書花了很多篇幅解釋這點，在以弗所書四章也討論這個問題。

我們的社會教導我們想望和期望甚麼？我們在崇拜中尋求娛樂、分散注意，還是假象？還是我們尋求上帝的真理——呼召我們負責任，要求我們注意，揭露我們的假象？先知對虛假崇拜的譴責和對真正崇拜的呼召，體現這種眾人的工作的特點。

我們來崇拜時，有沒有受制於我們自己的歷史？還是我們預備好重新檢視那些歷史，讓我們可以成為新人？保羅提醒哥林多人，「你們中間也有人從前是這樣」（林前六11）。在腓立比書三章，他講述自己的歷史，只是要歡慶他在耶穌基督裏的新身分。我們歷史的這種轉化，在崇拜和其他地方發生。

我們接近崇拜時，以之為眾人的工作，以意向和深思接近，而不是非正式和隨意地，以之為「自然的」人類活動，我們戒除不斷誘惑我們、不斷損害我們的虛假的美好。同時，我們學習真正的美好，我們正是為了它受造和在耶穌基督裏得救贖。

在這裏，崇拜作為眾人的工作的踐行，並不單使我們脱離罪，它也藉著校正我們與上帝、與彼此及與整個創造的關係，帶領我們進入公義。在這裏，眾人的工作不是戒除，而是學習——學習上帝是誰，我們在上帝面前是誰，在這一位宇宙的上帝面前，所有受造物是甚麼。但我們在這事上必須是刻意的，並明白我們的工作是藉以認識上帝的，因而讓我們可以更忠心和真誠地崇拜。上帝的百姓在舊約和新約的失敗，在今天應該警告我們，讓我們明白我們在崇拜上帝時，多麼容易陷入錯誤之中。

要學習這些事情，最好的地方是詩篇。在詩篇，我們誦讀和尊崇上帝的性情（character）和行為；我們哀歎事情不是按照它們應該的情況發生，並承認我們對上帝的主權的信心。在這些詩中，上帝的百姓進行崇拜的工作。今天，藉著跟從每主日閱讀一首詩的經課傳統，並在崇拜的踐行中定期從它們得到指導，我們可以學到很多東西。

崇拜作為爭戰

戒除和學習的工作植根於罪和義、愚蠢和智慧之間的衝突。但我想進一步擴展衝突這個觀念並論證說，崇拜是一種屬靈爭戰的形式。

在一個宣稱以宗教動機和理由——不單在國際恐怖活動，也在本土恐怖活動中——實行身體上的暴力的世界，這是危險的語言。不過，正是在這樣的時候，我們需要緊守或恢復聖經對屬靈爭戰的教導。

在新、舊兩約，我們居住在其中的世界，都捲入兩個國度之間的戰爭之中，這戰爭以多種對比來描述：罪與義、死亡與生命、黑暗與光明、撒但與聖子。這戰爭在整本聖經和教會生活的很多方面都給反映出來。在最徹底處理這些問題的一段經文中，保羅教導我們，「因我們並不是與屬血氣的爭戰，乃是與那些執政的、掌權的、管轄這幽暗世界的，以及天空屬靈氣的惡魔爭戰。」（弗六12）接著保羅列舉我們進行這場戰爭所使用的屬靈武器：真理、公義、平安、信德、救恩、聖靈和道（六14～

17）。我們找出肉身的敵人，並使用這個世代的武器時，不是進行上帝國度的爭戰。國度的爭戰不是死亡和毀滅的爭戰，而是在保羅列出的美好中展示出來的好消息的那種爭戰。

我們檢視這張清單時，可以看到崇拜的踐行怎樣成為爭戰。在崇拜，我們與罪的國度交戰。我們尋求關於自己和上帝的真理，而不是謊言。我們是罪人，上帝是公義的。我們以有罪的百姓這身分來到，我們來到不能容忍罪的上帝面前。我們可以在上帝的同在中聚集在一起，只是因為上帝在基督裏開出一條路。同樣，我們在崇拜中歡慶耶穌基督的公義、和平及救恩。

我們面對想奪去和毀滅我們的黑暗之時這樣做。在路加福音，耶穌基督的出生是由一位天使向牧羊人宣告的。然後在這位天使以外，還加入了：

> 一大隊天兵同那天使讚美上帝說：
>
> 「在至高之處榮耀歸與上帝！
>
> 在地上平安歸與他所喜悅的人！」（二13～14）

這段經文的「天兵」是上帝的軍隊，他們來與反對彌賽亞出生的邪惡勢力進行屬靈爭戰。他們藉著敬拜上帝驅走黑暗的勢力。我們歌唱讚美上帝，宣告關於上帝和我們自己的真理時，也有分於驅走罪的國度的屬靈爭戰，有分於那已經在耶穌基督裏贏得的勝利。

在電影《羅梅羅》（*Romero*）中，其中兩幕生動地表達了這個實在。《羅梅羅》是關於阿努爾福．「奧斯卡」．羅梅羅神父（Father Arnulfo “Oscar” Romero）的故事。作為妥協，羅梅羅在一九七九年被任命為薩爾瓦多（El Salvador）的天主教樞機主教。在國家動亂時，這是一個安全的任命。不過，羅梅羅令所有人——包括他自己——都感到驚訝，他成了人民反對富裕的人和政治權力的壓迫的聲音。在其中一幕，軍人開槍警告羅梅羅和很多人，迫使他們離開一間鄉村教堂。羅梅羅靜靜地帶領人們走出教堂後，他停下來；然後以一個靈光一閃的表情（由扮演羅梅羅的胡利亞〔Raul Julia〕很好地演繹），他帶領人們回到教堂，收集被軍人弄得四散的東西，開始帶領人們崇拜——天主教的彌撒。面對這種勇氣，那些軍人必須撤退，或者選擇使用更多武力。結果他們撤退。

在另一幕，羅梅羅面對一個軍人，他被脱去外衣。一個農婦拿著一張毯子跑到他那裏。羅梅羅定睛看著軍人説：「讓我們禱告吧。」同樣，那些軍人撤退。

軍人的反應，不是支持崇拜的實用主義式成功的論證。在其他情況，崇拜面對很大的暴力，在羅梅羅被暗殺後，六萬薩爾瓦多人「消失了」。這兩幕讓我們看到的，是要教會忠於它自己而不是其他 *telos* 的呼召。崇拜藉著令教會不致被引誘到敵人的 *telos* 中，從而打敗敵人。

我們參與的戰爭，是不容許敵人決定我們怎樣思想上帝、自己或其餘的受造物的鬥爭。我們忠心地踐行上帝在耶穌基督裏為之而創造我們和救贖我們的 *telos* 時，敵人便被打敗。因此，我們在崇拜中承認自己的罪，而不是證明自己有理；感謝上帝而不是讚美自己；把身體獻上以讚美上帝：於列隊、歌唱、下跪、舉手和施予，而不是獻出我們的身體追求有罪的虛假的快樂和過分的行為時讚美上帝；這便是有分於基督的勝利和我們所承受的產業之中。

崇拜作為見證

我們往往得到正確的提醒，會眾不是崇拜的「觀眾」，觀看牧者、音樂家和其他人為他們「表演」。崇拜的觀眾是上帝，我們向祂獻上我們的讚美。我們不應該問我們是否喜歡我們的崇拜，彷彿我們是消費者，必須賺回回報；我們應該問，上帝有沒有因為我們的崇拜而喜悅。（真正的崇拜的標準，會在下一章探討。）這個提醒是我們這個時代必須予以正視的。但它沒有講出整個故事，因為崇拜還有另一羣觀眾。

除了在上帝面前崇拜外，教會也應該留意到，我們在旁觀的世界面前崇拜。我們有分於崇拜的踐行，展示受造物在耶穌基督的救贖中的 *telos* 時，我們是為那好消息作見證。要崇拜成為見證，我們就是要做上帝百姓的工作。我們不需要扭曲或歪曲崇拜，令它脱離它的真正目的，藉以令崇拜傾向見證。

崇拜的工作本身就是見證，因為在崇拜中，我們蒙召宣告上帝是誰，我們在上帝面前是誰，以及我們與其餘受造物有甚麼關係。這種見證的方式，在我們歷史中的此時此地可能特別重要。北美洲的教會已經來到文化霸權（我們曾經有過的）的終結。即使我們認為北美洲的文化從來都不是真正的「基督教」文化，我們仍然可能同意教會在文化中佔有優越地位這個判斷。隨著這個情況結束，教會為福音所作的見證，可能往往顯得是在為黃金歲月哀歎，或者為了失去的特權而公開流露不悦。這樣，對福音的直接見證來説，很難脱離對權力的最後把持。

還有甚麼方法比讓世界看到福音的展示，並聽到那好消息，更能夠見證福音？這種取向不是試圖操控；也就是説，它不是吸收別人進來的更聰明方法，就好像湯姆．沙耶（Tom Sawyer）假裝替籬笆油漆是很有趣，令赫克（Huck）堅持要油漆一樣。教會不是在假裝，而是在踐行。世界真正需要的，是福音呼召教會去做的：不是更多的言語，而是更多忠心的行動。這令福音真實，那些話也變得有生命。

崇拜給福音的宣稱一種具體的實在（concrete reality）。試想像一下，你嘗試向從未看過棒球比賽、從未見過棒球場、投手的投球區土墩、皮手套或木棒的人解釋棒球這種運動。即使要令人對棒球是甚麼有最低限度的理解，也需要很多工作。現在想像你和某人站在棒球場上，走過球員休息室，在比賽時坐到看台，期間你向那人解釋棒球是甚麼。那仍然不容易，但那些話卻有生命，你可以在解釋時指出那些球員和比賽中的事件。

同樣，崇拜令福音的宣稱變得明顯。我們可以指出饒恕的行動、恩典的工作、憐憫的運用、作門徒的表達。正如上帝的愛在耶穌基督裏給示範、變得真實和具體，今天這愛在基督的身體，也就是教會中，變得真實。而崇拜是這生命的主要踐行。

崇拜是在旁觀的世界面前的見證這個宣稱，帶來崇拜的挑戰——崇拜的公共性。今天，教會的建築物愈來愈不是「公共空間」。因此，我們需要的是為教會的崇拜創造性地挪用空間。會眾在公園、碼頭、大學的草地、法院大樓的廣場、商場的中庭或社區中心一起崇拜時，這種挪用的行動便發生。這些崇拜必須小心計劃，忠心地見證福音，特別是在它們清楚涉及好些會眾，他們肯定彼此對福音的見證時，它們可以成為有力的見證方式。

宣稱崇拜是見證帶來另一個挑戰。教會的崇拜在多大程度上應該由對見證的委身所模塑？借用唐慕華（Marva Dawn）的話，我們可以怎樣「外展而不淺陋」（reach out without dumbing down）？[1] 在嘗試回答這個問題時，我們可能陷於今天教會兩種互相競爭的強調中。一方面，我們有人們廣泛辯論「對尋道者敏銳的」（seeker-sensitive）崇拜。另一方面，我們有對「祕密操練」（discipline of the secret）的強調，我們在下面會細想這種操練。

但只要我們清楚地溝通，小心地談論這兩方面，它們便毋需相互競爭。對尋道者敏銳的崇拜不是崇拜。它們可能顯得像崇拜，因為它們在主日早上，它在會眾於一個星期中的其他日子用以崇拜的空間中舉行。但在有良好教導和帶領的教會，這些聚會是表達佈道性的外展，代表著當代將葛培理佈道會（Billy Graham crusade）或青年歸主協會聚會（Youth for Christ rally）的一種轉化。佈道會或青年聚會不會被視為「崇拜」，被視為當地教會的崇拜的一種變化或代替。同樣，我們不應該視對尋道者敏銳的崇拜為當地教會的崇拜的一種變化或代替。對尋道者敏銳的崇拜是佈道會或青年聚會的變化。保羅在以弗所「進會堂，放膽講道，一連三個月，辯論上帝國的事，勸化眾人」，或「在推喇奴的學房天天辯論」（徒十九8～9）時，是作為對尋道者敏銳的踐行，不是作為崇拜。因此我們不應該將對尋道者敏銳的崇拜，與崇拜作為見證形成對照；我們也不應該視它們為同一個類別下的兩個選擇。

理解崇拜作為見證，也必須考慮近期對「祕密操練」的推薦。這些推薦根據初期教會的踐行，以及這踐行在潘霍華（Dietrich Bonhoeffer）的著作中的恢復，從而提出崇拜的一些工作，如果要正確地實行，要求著訓練和準備。[2] 那些沒有預備領聖餐的人，不能知道他們在做甚麼。如果聖餐是讓我們彼此認罪，給予饒恕和接受饒恕，以及踐行教會紀律的時間，只有那些正式受過這些踐行的訓練的人才可以參與。在這些踐行中有未受過訓練的尋道者在場，對他們和福音都不公平。有些事情在家庭中應該私底下處理，而不應該在陌生人面前處理。

雖然我同意這個祕密操練的呼召，並在我自己的著作中推薦這種做法，但它可能會被誤解或濫用。它正確地號召我們糾正我們對守聖餐那懶惰和隨便的取向，以及相對缺乏的教會紀律。這是那麼嚴肅的事情，我們應該預備人們進行這些活動。但這種祕密操練必定不能用來向世界隱藏教會的罪、我們的認罪、我們需要期求和給予饒恕，或者隱藏在教會中紀律的必須性。與任何良好的踐行一樣，祕密操練可能被錯誤的目標或追求外在的美好所扭曲。我們將這種操練指向使人作門徒以外的目標（例如讓教會領袖行使權力），或者我們尋求耶穌基督的救贖以外的美好（例如向世界隱藏教會的失敗）時，便扭曲這種操練。

崇拜的踐行

崇拜是教會的主要踐行，最完滿地擁抱我們信仰的目的性實在（teleological reality）。在西方的基督教，我們習慣將崇拜思想成上帝臨在於我們之中的時間。這個聖經教導，需要以恢復我們在約翰的啟示錄中遇到的另一部分聖經教導，令它變得更豐富。在那裏，我們看到，在崇拜中聖靈將教會提升到上帝的寶座面前，讓教會敬拜坐在寶座上的那一位和被殺的羔羊。在崇拜中，我們扮演我們在基督裏的身分，以及我們在聖靈裏會轉化成甚麼人。這踐行需要很大的努力和意向，它令我們有分於聖靈的爭戰，它見證耶穌基督的好消息，正是上帝的恩典——當上帝的恩典在基督的身體的生活中活出來的時候。

註釋：

1. Marva J. Dawn, *Reaching Out without Dumbing Down: A Theology of Worship for This Urgent Time* (Grand Rapids: Eerdmans, 1995)（中譯本：《非凡的敬拜》〔香港：學生福音團契，2007〕）。
2. 有關這「祕密操練」的進一步討論，參 Jonathan R. Wilson, *Living Faithfully in a Fragmented World: Lessons for the Church from MacIntyre's "After Virtue"* (Valley Forge, PA: Trinity Press International, 1997), 73～76 和那裏的參考書目。

3
崇拜
作為真、善和美

在上一章，我提出我們不應該根據我們是否喜歡來衡量崇拜這個主張，也表明贊同這個主張。在崇拜中，我們不是作為被取悅和被娛樂的觀眾。上帝才是要被取悅的觀眾，世界是我們見證福音的觀眾。

這些主張提出了一個問題：我們應該怎樣衡量我們的崇拜？我們怎樣知道我們的崇拜在甚麼時候能夠討上帝喜悅和忠於福音？在前一章，我描述崇拜是工作、爭戰和見證。但描述不是衡量，教會的工作做得可能很差，在爭戰中戰敗，在見證中失敗。我們怎知道我們的工作在甚麼時候討上帝喜悅，蒙祂接受？我們怎知道我們在崇拜中打敗敵人？我們怎能夠分辨我們的見證在甚麼時候是忠心的？

在這一章，我會論證我們用來衡量崇拜的準則，是必須根據真、善和美這幾條規則建立的。在我們逐一考慮這些準則前，需要提出一些初步的評論。

這三個字詞——真、善和美——在聖經裏沒有作為基督徒崇拜的準則出現。在這個語境中使用它們，並沒有有力的聖經或神學根據，更長的清單或其他詞語也可能有用，不過它們提供了熟悉和全面的方法，涵蓋了聖經用來衡量上帝百姓的崇拜的準則。

這幾個詞在觀念（ideas）的歷史上很多不同的背景中都是我們熟悉的。它們是希臘哲學的三個理念。康德（Immanuel Kant）可以算是啟蒙運動時期最重要的哲學家，他在三部著名的批判著作中追求這三個字詞：甚麼是真，是《純粹理性批判》（*Critique of Pure Reason*）的主題；甚麼是善，是《實踐理性批判》（*Critique of Practical Reason*）的主題；甚麼是美，則是《判斷力批判》（*Critique of Judgment*）的主題。

但我們考慮這些準則時，我不會關心它們在思想史中怎樣被使用。我倒會關心它們能多好地代表和總結不同經文對崇拜踐行的教導。根據我在這本書使用的詞彙，我關心的是使它們配合人類和所有受造物在耶穌基督裏啟示的 *telos*。

我們最好將這三個準則想像為一條繩的三股，而不是三個階段或三條支柱。事實上，進一步推進這個比喻，我們可以將它們想像為一條用得很好的繩子的三股，個別的纖維已經開始交織在一起。這個比喻準確地描述了真、善和美實在是不能真正彼此分開的這個事實。沒有任何一個比其他更重要——除了當其中一個失去了，需要特別留意而要加以恢復外。也沒有任何一個比其他更基本，雖然有時特定的傳統或教會，可以錯誤地以為其中一個是最重要或最基本的——而這通常都是他們認為自己特別能夠滿足的條件。我的介紹其中一個最健康的結果是，確信這三個準則都是必須追求的——如果崇拜要討上帝喜悅和忠於福音的話。

這三個準則，大致等同舊約的先知視上帝百姓的崇拜為無益時所持的標準。在那裏，崇拜被指摘為拜偶像、不道德和不純潔（impure；雖然我使用最後這個字詞的方式與舊約有點不同）。

拜偶像的崇拜不是真的崇拜，因為它指向虛假的神。不道德的崇拜不是善的崇拜，因為它不能有分於善，也不模塑我們成為美好。不純潔的崇拜不美，因為它達不到對崇拜上帝合宜的卓越。對先知來說，這三種失敗，就好像真、善和美一樣不能分開。不過，我們可以逐一集中討論每一方面，以給我們啟迪。

崇拜作為真

真（true）的崇拜指向獨一的真神。它在其踐行中反映出只有一位真神這個信念。真的崇拜不是混合對幾個神祇的崇拜，它也不是不自在地調和幾種可能的美好。對真的崇拜來說，只有一位上帝，只有一個 *telos*。

在基督教傳統中，我們通常對比真的崇拜和「虛假的」崇拜。不過，在這一章，我會使用**不真**（untrue）而不是**虛假**（false）。我這樣做藉以強調將崇拜積極地與我們的 *telos* 連在一起的重要性。正如木匠或砌磚工人會談及「修整」（truing）牆壁或一行磚，我們也可以檢視我們的崇拜是否忠於它的 *telos*。我們可能錯誤地以為，崇拜藉著反抗上帝的旨意而明顯違背上帝的旨意時，崇拜才會出錯。但我們也可能因為沒有將崇拜朝向它的正確目的、將它置於羣體中，以及尋求內在的美好，從而在崇拜中出錯。簡單來說，崇拜沒有正確地配合它那由上帝賜下的 *telos* 時，我們便令崇拜變得不真。

真的崇拜要求對那獨一的真神的理解，並增加我們對這位上帝的理解。整本舊約都是學習關於這獨一的真神的詳細訓練。上帝的百姓一再聽到關於這位獨一真神的性情和行動的宣告。他們一再在上帝的行動中觀察上帝的性情和旨意。但上帝的百姓三番四次弄錯了。申命記是關於對耶和華這獨一真神的性情的理解的詳細訓練。詩篇反映以色列歷史中的這個過程。先知書提供一個學習真的崇拜的集中的、密集的課程。

上帝的百姓錯誤地設想他們所敬拜的上帝，嘗試將對其他神祇的崇拜結合到對獨一真神的崇拜時，他們的崇拜便變得不真。以色列人以為在禮儀和律法上正確的崇拜，可以將上帝置於他們的控制之下時，錯誤地設想他們所敬拜的上帝。這樣試圖將上帝馴化，錯誤地視上帝為好像需要安撫的任性巨人。將馬克思（Karl Marx）的名言顛倒過來，這種取向是以崇拜作為上帝的鴉片。只要我們的崇拜在禮儀和律法上正確，上帝便會受到麻醉，不會留意到在生活的所有其他方面，上帝的性情和旨意都被違反了。這就是以賽亞在以賽亞書一章所譴責的崇拜。

今天教會以為熱誠、計劃得好、完美地實行的崇拜、容許我們過以不公平的經濟結構和踐行為基礎的富裕以及浪費的生活時，是犯了同一個錯誤。我們以為漂亮的建築物和大量奉獻，會令上帝無視我們的教會仍然是我們文化中一些種族最隔離的機構這個可悲、有罪的實在時，也是犯了這個錯誤。我們以為漂亮的音樂和安排得很好的講道，可以補償我們沒有到監獄探訪時，也是陷進同一個錯誤。

這些錯誤帶來不真的崇拜，因為它們在我們對上帝的理解中是錯誤的。它們反映了一種信仰，以為上帝不是「能夠設想中最大的」（安瑟倫〔Anselm〕在《論證集》〔*Proslogion*〕中的定義），而是「最自戀的」。只要我們以我們的崇拜滿足上帝的自戀，我們便幾乎做甚麼都可以。但這不是獨一真神的性情和旨意。

以色列的崇拜變得不真的第二個方式是，以色列試圖在崇拜耶和華之餘也崇拜其他神祇。以色列的百姓有時興建其他崇拜的場所——列王紀經常譴責的那些「邱壇」——有時將以其他神祇為對象的禮儀和對耶和華的敬拜混合起來。在這些踐行中，以色列反映了它的不信（unbelief）。不信從來都不是簡單的「不信」；它總是在一個或更多信念上的不信。以色列的混合崇拜，反映他們不信有獨一的真神。**畢竟，其他國家——亞述、埃及、巴比倫——十分成功。這不是反映它們的神祇存在，在能力上和耶和華同等，甚至超越祂嗎？**

在十分富挑戰性的環境中，以色列和猶大的先知明白到只有一位真神：如果亞述、埃及和巴比倫成功，那是因為耶和華這獨一的真神決意利用它們實現上帝的旨意。關於耶和華的真理，是耶和華不是以色列的部落神祇，而是整個宇宙獨一的上帝和統治者，祂要求公義，令以色列的百姓即使在審判和被擄中也見證那真理。

今天，教會混合對獨一真神的崇拜和對其他神祇的崇拜時，令它的崇拜不真。這在特定的會眾有甚麼意思，最好由那些會眾中獨特的恩賜來辨別。不過，在這本書，我們可以提出一些問題供讀者考慮。經濟或教育地位有沒有影響誰可以有分於帶領崇拜？如果我們屬於一個教會，而這教會早期的成員因為拒絕承認凱撒（Caesar）是主因而受死，我們應該重新思想我們在崇拜的地方，應否懸掛國旗嗎？在教會聚集和宣告福音的地方懸掛多國的旗幟，會否更好地代表著和教導著我們的 *telos*？我們是否有時敬拜繁榮和物質舒適的神祇，而不是身為公義和受苦的僕人的上帝？關於我們的罪，容忍有沒有取代了聖潔的上帝那昂貴的赦免？尋求令自己的崇拜對宇宙獨一的上帝和統治者而言是真的一間教會，需要聆聽和思想這些和很多其他問題。

在教會中引導這種真的崇拜的操練是神學。在我們目前的處境，神學往往被輕視。在一間我十分熟悉的基督教大學，多年以來，神學家的工作比任何其他形式的工作，在聖堂的講道中都受到更多譴責。當然，某些神學應該受到譴責，有些神學家對教會的忠心和見證是沒有貢獻的。從保羅的時代開始，一直都是這樣。這現象甚至可以追溯到舊約真假先知之間的爭論。

但對「神學」的譴責本身就是神學的工作。如果神學是小心思考上帝在耶穌基督裏啟示的性情和旨意，那麼教會永遠都不能省卻神學的工作。如果我們對上帝的理解是真的，我們的崇拜便是真的。只有在忠心的男女致力小心地準備對教會的踐行進行批判性、有知識性的思想時，我們對上帝的理解才是真的。

因此，對壞的神學的回答，不是譴責神學和教義，而是正確地踐行和理解神學的工作和教義的性質。我們問：「誰是我們敬拜的上帝？」時，答案必須是神學的工作。答案本身是基督教教義——闡述聖經關於上帝的教導。如果我們沒有那成熟的教導，那麼我們的崇拜也會不成熟，虛假的崇拜未經糾正，我們的羣體也失落了福音。

崇拜作為善

雖然「美好」（the good）作為 *telos* 的翻譯在這本書中十分明顯，但在這一章，我使用「善」（good）來指道德的美「善」。舊約的先知不單譴責百姓對上帝的崇拜是偶像崇拜，也譴責它是不道德的（immorality）。他們譴責的不道德有兩個主要表現。不道德的崇拜的第一個表現，是熟悉和值得注意的：藉著與膜拜有關的娼妓活動，腐化對耶和華的崇拜。

與膜拜有關的娼妓活動在古代世界相當普遍；它的儀式比得上我們文化中最色情的表現。但古代世界與膜拜有關的娼妓活動還有另一個元素：宗教熱情和狂熱。在「與膜拜有關的娼妓活動」中，**膜拜**（cultic）的意思是 *cultus*，那是指崇拜的禮儀，而不是當代更典型的意義，那表示「與邊緣宗教團體有關」。在古代世界，就我們所知，性行為不是邊緣宗教團體的罕見踐行，而是主要宗教團體頗為常見的崇拜元素。

這些與膜拜有關的娼妓活動是要討好和刺激諸神，因為人們認為諸神和我們一樣，只是比我們更大和更有能力。以色列的崇拜變得同樣不道德時，暴露了整個國家墮進或逃進對上帝的虛假教義中。究竟以色列人先有對上帝的錯誤信仰，還是先求諸肉慾，是一個未有定論的問題。他們開始以為上帝是人，然後墮進不道德的崇拜，討好十分人性的上帝？還是他們受到肉慾和罪的虛假快樂刺激，以致接受這種崇拜形式，再發展出支持它的教義？我懷疑我們能否知道真相。但正如我們對「真」的崇拜的考慮，帶領我們思想真的和虛假的崇拜的道德後果一樣，我們對「善」的崇拜的考慮，應該帶領我們思想善和壞的崇拜對認知的影響。

我們進行道德上的壞的崇拜時（bad worship），往往重塑我們的上帝論來配合我們的錯誤。例如：想一想不真的崇拜和壞的崇拜在德國基督徒運動（German Christian Movement）中的相互影響。在第三帝國（Third Reich）興起時，很多德國教會崇拜嗜血的和國家的上帝。這和教會與納粹（Nazis）的邪惡合謀糾纏在一起。我們可以辯論哪一個先出現，但明確的是，不真的崇拜和帶來及增強不道德的壞的崇拜之間的連繫。

我們今天有沒有類似的扭曲的崇拜這個危險？我相信我們有這個危險。當對上帝的崇拜與肯定種族、民族或經濟地位，顯著地糾纏在一起時，我們便朝不真和不道德的崇拜踏出一大步。我們將崇拜連繫到一種種族、民族或階級的保護和繁榮時，我們便放棄了崇拜內在的美好，選擇外在的美好。從那裏開始，那便是朝失去善的崇拜走出十分微小的一步。事實上，我們放棄內在於崇拜的美好時，已經走出那一步。

舊約百姓使對上帝的崇拜變得「不善」（not good）的另一

個做法，是將崇拜放在不公義的社會中。由於我們活在其中的文化將私人和公共領域分開，我們往往以為道德和公義是不同的範疇：道德和個人、私生活有關；而公義則和社會、公共生活有關。有了這種區分，我們往往也認為崇拜與基督徒作門徒，是跟道德——個人及私人——有關的，但與公義無關。而當我們確實培養出對公義的關注時，我們已經往往被訓練成不向我們的信仰尋求引導，以致被沒有植根於聖經傳統的政治和經濟計劃俘擄。

私人和公共，道德和公義的區分，是聖經的教導所沒有的，也是上帝忠心的百姓所不知道的。道德所包含的生活的問題和範圍，是我們慣常與我們的信仰分開的，即稱為「公義」的範疇。善的崇拜所要求的羣體將尋求公義，而這公義是在這羣體與上帝一起的生命中所固有的。崇拜的數量，無論有多少，都不可以成為追求公義的補償。沒有崇拜可以稱為真或美的，除非它也號召上帝的百姓尋求公義。

崇拜藉著使我們有分於上帝那轉化生活的恩典，呼召我們變得良善。崇拜不是歡慶一種將上帝對公義的關注放在一旁的「恩典」，而是歡慶上帝在耶穌基督裏仁慈的公義行動，從而使我們變得公義，將我們改變成基督的形象。因此，崇拜需要擴展的和明確的訓練，不單要學習上帝的性情和行動（崇拜作為真），也要學習那些愛上帝的人的性情和行動（崇拜作為善）。在以後幾章，我會提出可以實行這種訓練的一些具體方法。

崇拜作為美

有一種對舊約的膚淺解讀，主張以色列的崇拜以文字為中心，拒絕圖像。這個論證是建基於對一個命令不小心的應用。那個命令是：「不可為自己雕刻偶像，也不可做甚麼形像彷彿上天、下地，和地底下、水中的百物。」（出二十4）很明顯，上帝的百姓不能以任何受造物來代表獨一的真神。不過，以色列的崇拜卻絕對不是拒絕圖像。在出埃及記稍後的二十五至三十一章（共七章！），上帝對以色列崇拜的視覺元素，給予摩西具體和詳細的描述。同樣詳盡的描述也佔了利未記的大部分篇幅，以及民數記及申命記的很多內容。我們可以隨意地主張和同意以色列的崇拜以文字為中心，拒絕圖像，是因為這幾卷書是舊約中我們因為感到沉悶而略過不讀的。

這些經文中於記載上的細心、準確和卓越的標準，清楚表明上帝關心我們崇拜的美。事實上，在這裏，美實際上代表呼召我們在敬拜上帝時要卓越。但這卓越必須小心地從將崇拜理解為一種踐行而發展出來。這種踐行體現教會的 *telos*，構成羣體，尋求內在的美好，和擴展我們對美於教會有甚麼意思的概念。在沉迷於對美持扭曲了的觀念的世界中，而教會的成員往往又被這些觀念傷害時，教會必定不能否認美的重要，但教會必須藉著崇拜的踐行轉化美的意義。

以下我會在可以使用**醜陋**（ugly）這個詞、而人們也預期我使用這個詞時，使用「不美」（not beautiful）這個彆扭的詞語。我使用這彆扭的詞語，原因和我早前使用**不真**而不用**虛假**類似。我想提醒我們，崇拜並不需要讓人看到它醜陋或明顯醜陋才會不美。美的崇拜，就好像真的崇拜一樣，意謂被上帝賜下的 *telos* 所模塑，並有分於這 *telos* 的崇拜。不美並不需要明顯醜陋，雖然我們對美的崇拜有更多認識時，可能會看到所有不美的崇拜實際上都是醜陋的。

舊約崇拜的美有兩方面可以給我們指導。其中一方面，是宣告以色列要為崇拜製造的美的事物，本身是來自上帝的恩賜，透過兩個被「上帝的靈」充滿的人——比撒列和亞何利亞伯——

的智慧、能力、知識和技巧而賜下（出三十一1～11）。而且，所有以色列人都透過獻出禮物有分於這製作。在出埃及記二十五章，百姓獻給上帝的禮物，成了那些特別蒙召製作美的崇拜的人所使用的物料。因此，以色列的崇拜的美有賴特別的人的恩賜，但也源自眾人的禮物。

這是給我們崇拜踐行的重要指引。我們找出那些有技巧製造美的人，同時也包含所有人的恩賜。我們毋須在「專業人士」和「業餘人士」之間作出選擇。我們藉一個有多種恩賜的羣體來崇拜。卓越和廣泛參與之間，不需要作出妥協。

因此，在教會很多人獻出金錢，支持那些給教會提供音樂、影像、戲劇、講道和其他美的崇拜的元素的人，讓這些奉獻供他們使用。某人可能把一個故事帶來，由另一個人讀出或演出這個故事。另一個人可能設計一個課室，由另一個人興建。我們身為上帝的百姓，形成羣體，教導和擴展我們蒙召所朝向的那種對美好的理解時，這些不同恩賜一起有分於我們的 *telos*。

舊約崇拜的美的另一方面，是對禮儀的潔淨的規定。在舊約，很多不同的行為和狀況都令人「不潔」，亦即會被禁止加入聖殿的羣體敬拜上帝。有時這些狀況——例如是太監——是永久的，因此將人永久地排除在崇拜以外。其他狀況——例如觸摸死了的動物——則是暫時性的，在這情況下，會要求一種潔淨的禮儀，然後那人才可以重新參與崇拜。

不過，到了以賽亞書五十六章的時候，先知預見一個時候，是潔淨的律法不再適用，太監和外國人在上帝的殿和上帝的家都有尊貴的地位（賽五十六1～8）。這種改變，並非表示放棄崇拜中的美或卓越；而是象徵擴展以色列對上帝的百姓的 *telos* 的理解。現在以色列明白，崇拜的美是上帝對整個宇宙的規定，以及對各族、各種語言和各個國家的百姓的救贖。

在舊約中，上帝的百姓錯誤理解上帝的性情時，他們的崇拜便變得「不美」。這種誤解變得明顯的其中一個方式，是他們獻上次等的祭牲。上帝要求獻給祂的牲畜是最好的，沒有任何玷污或瑕疵。這個要求應該教導以色列人單單愛上帝，在生活中仰望上帝。但他們往往背離這個要求，將不是最好的獻給上帝，因為最好的在市場可以賣得好價錢，在家裏也可以成為最美味的食物。

以色列的百姓誤解上帝的性情的另一個方式，是為自己積聚上帝的祝福。上帝呼召亞伯拉罕和祝福以色列人的目的，是要他們成為別人的祝福——成為列國的光，向他們指示獨一真神的道路。但以色列的百姓誤會了上帝的祝福是他們的權利和特權。那祝福沒有成為宣教的資源，反而成了壓迫的來源。那祝福沒有成為透過他們流向別人的恩賜，反而成了要保護的財產。

教會也陷入同樣「不美」的錯誤。我們沒有以自己的恩賜和時間優先獻給上帝時，是給祂次等的崇拜，即使那些玷污和瑕疵沒有那麼明顯。今天我們不能通過美的測試的其中一個最普遍的方式是，我們沒有為崇拜而休息和放鬆。我們的日程表和生活方式是那麼忙亂，以致到了通常要崇拜的時候，也就是主日早上，我們所能夠做的只是保持清醒。我們沒有多少精力，而早上的新聞，推銷的單張，午飯的計劃，或者期待電視的重要比賽，都令我們分心。每一樣都是我們崇拜常見的特點，每一樣都令上帝討厭，就好像舊約那些次等的祭物一樣。我們要帶最好的給上帝。而正如獻上最好的牲畜對以色列來説，是一個經濟問題；今天我們以奉獻作為踐行教會的一部分時，也面對經濟的問題。（我會在後面更詳細討論這點。）

我們的崇拜「不美」的另一種方式，是我們不能夠反映上帝在所有百姓中的工作。我們那種單一膚色、單一文化、單一階級的教會在上帝眼中是醜陋的。它們沒有體現耶穌基督裏的創造和

救贖的 *telos*。它們沒有體現那 *telos* 的踐行——自每個種族、每種語言和每個國家救贖百姓。如果今天有任何東西反映上帝的憐憫和忍耐的話，那就是上帝樂意給教會時間悔改。但上帝的忍耐並不維持到永遠，審判的時間即將來到。

福音的美，福音的吸引力和説服力，部分在於那榮耀的實在，在耶穌基督裏，「並不分猶太人、希臘人，自主的、為奴的，或男或女。」（加三28）教會的醜陋在於我們的踐行很少見證這美、這感動人心的真理。求上帝憐憫我們。求上帝以你的恩典改變我們。（順帶一提，如果以上幾段話感動了你，以下是我給那些哀歎教會缺乏種族和階級多元化的朋友的建議：加入一間大部分人都和你不同的教會。在你加入後，那間教會便會立即變得更多元化。）

真、善和美的崇拜

這一章沒有提出真、善和美的崇拜的具體例子。我提出了一些聖經和歷史上的例子。我也指出可能違反這些準則的一些方式。但這些準則實際上只是準則：在羣體辨別的過程中使用的準則。今天，崇拜是很多會眾生活中其中一個決定性的焦點。會眾往往發覺自己處於爭論和分歧中，但卻不大知道怎樣發展到這個地步，也不大知道怎樣和好。在其他時候，會眾發覺自己對偏好有很大分歧，這似乎只帶來更多權力鬥爭。在這個時候，無論誰「勝出」，每個人都有損失。

這些崇拜踐行的準則，可以做很多事來免除爭論，令崇拜的人和好。這些準則提供一個途徑，讓我們實行一個辨別的過程，甚至確定關於崇拜的爭論的重點在哪裏，令人們超越個人喜好和彼此間的權力鬥爭。如果正確對待這些準則，它們可以幫助人們找出共同的目標：令崇拜真、善和美。他們的爭論可以成為一個過程的一部分，他們藉著這個過程一同辨別怎樣進入崇拜的踐行，有分於由上帝賜下的 *telos*。這個觀察並不消除爭論、誤解或衝突。但它確實將這些事情置於與教會踐行的正確關係中。而且，它使得持續見證福音，和增加對福音的理解，都變得可能——即使在會眾掙扎著要辨別它踐行崇拜的方式時。

在衝突較少的情況下，這些準則也可以幫助會眾、領袖和牧者衡量教會的崇拜生活。例如：我們可以問，在特定的教會或傳統中，哪一個準則似乎最重要？我們在崇拜中有沒有在這幾個準則之間實現正確的平衡？我們看我們會眾的生活時，有沒有看到忽略一個或更多這些準則的病徵？有沒有看見過分強調一個或更多準則的病徵？這些問題，可以運用上述的準則以分辨、維持和恢復教會的健康的崇拜。

這些崇拜的準則，簡明和積極地總結了聖經反對拜偶像、不道德和不潔的命令。我們在崇拜的活動中踐行教會時，必須不斷關注我們崇拜的真、善和美。這些準則迫使我們將我們的品味和氣質放在一旁，讓我們需要根據「上帝在耶穌基督裏的創造和救贖工作」來參與崇拜。崇拜的問題不是「**我是否喜歡？**」，而是「**它是否忠於上帝的性情和旨意？它是否以上帝的恩典改變我們？上帝是否得到我們最好的？**」。

這些問題迫使我們繼續回到踐行的元素，藉以辨別我們崇拜的質素、軟弱和失敗的地方、忽略和扭曲的地方，以及忠於並有分於上帝的工作的地方。

4

崇拜
作為三一的踐行

我們基督徒花在一起崇拜的時間，比花在任何其他活動的時間都多。當然，我們做很多其他事情：查經、傳福音、團契、委員會會議。但我們**一起**做得最多的事情是崇拜。不過我們很少給予我們的崇拜持續、明確、**神學的**關注。我們可能對音樂風格的合適與否有爭論，我們肯定對崇拜的禮序有爭論，我們仍然在主日吃晚餐時嚴厲批評講員——或者在喝咖啡和吃甜圈時嚴厲批評牧師，但即使這些爭論，通常也是用社會或政治性語言來表達的。我們喪失了對基督徒崇拜進行神學思考和論辯的能力；而我們十分需要恢復這種能力。

在一個層面，隨著好些重要的神學家帶領我們重新發現崇拜的踐行對神學的重要性，一種恢復（recovery）正在發生。他們有力地論證說，神學需要恢復它與教會的踐行的連繫——神學主要是反省教會的踐行，不是大學的踐行。在前面幾章，我論述了崇拜作為踐行。在這一章，我尋求神學地思考我們的崇拜的踐行，藉以補充那個論述。

在這本書的論證這個背景下，我想這一章實現兩個目的。首先，我想繼續推動以崇拜作為教會的基礎踐行這個論述。這點應該已經很清晰。但第二，我也想顯示教會的教義遺產對教會的踐行的意義。太多時候，我們容許在教會的踐行者和理論家之間有一種削弱人們力量的區分。這種區分在辨別恩賜、呼召和環境時是值得維護的，也是有幫助的；但當我們容許兩種工人彼此忽視時，它卻會削弱我們的力量。理論家只與理論家交談，踐行者也是這樣做。結果對教會帶來損害，它需要兩者彼此對話。這整本書的部分目的，是嘗試克服這種區分。在這一章，我根據自己身為神學家的呼召，利用教會的教義傳統，藉以引導我對教會的踐行的反思。[1]

當然，有很多教義，是我們可以藉以神學地思考崇拜的。例如：根據神學人觀，我們可以論證説，崇拜必須關注全人（whole person）。或者以基督教信仰的中心事件為焦點，我們可以論證説，崇拜的形式應該反映耶穌基督的生活、死亡和復活，讓相信基督的罪人，可以與聖潔的上帝和好。

在這裏，我會從三一論（Trinity）的教義這個角度，考慮我們崇拜的踐行。我們很多人都認為三一論是頗為神祕的教義，是我們只能加以肯定卻不大明白的。正如我稍後會論證説，三一論的信仰肯定涉及奧祕。但教會對三一的信念，也是對耶穌基督所實現的之意義的保障和基礎。因此，三一論的教義和基督論的教義彼此在本質上是互有關連的。

如果我們可以避免輕視莊嚴的（和不幸地太熟悉的）約翰福音三章16節，便可以看到這點：

> 上帝愛世人，甚至將他的獨生子賜給他們，叫一切信他的，不至滅亡，反得永生。

根據較後期的思想，這節經文的「上帝」是父。但教會明白新約不容許我們以任何實質的方式將子從「上帝」分開。子也是上帝——成了肉身。新約也教導我們，相信子乃是聖靈的工作。事實上，約翰福音三章以耶穌宣稱我們必須從聖靈生開始。因此，為了我們的救恩，我們有差遣子的父；赦免我們的罪，並為了赦罪而賜給我們的子；以及使我們出生於赦罪的和生活的國度的聖靈。有三個位格——父、子、聖靈；但卻只有一位上帝。這三和一是基督教的三一論教義，引導我們關於上帝和關於上帝與人的關係的思想。[2]

如果三一論（部分地）是我們思想上帝自己的生命以及上帝與我們的關係的規則（rule），那麼我們所有對上帝的崇拜，都應該由這教義所規範。我邀請你與我一起思想基督教崇拜的三一形式。

在考慮三一中的一（oneness，或譯「一性」）和三（threeness，或譯「三性」），作為我們崇拜的規則前，我必須提出四個一般性的評語。首先，三一論的教義，不單是我們要怎樣崇拜的「規則」，雖然我們在這裏是這樣考慮它。[3]第二，在以下我會引用「西方」和「東方」的三一論教義。西方傳統是我們大部分人都熟悉的遺產，但東西方傳統都是在正統基督教的界限以內的，這有助我們明白基督教的崇拜。第三，我在這一章的話，是嘗試找出一處能以正確的問題來開始我們對崇拜的考慮的地方，而不是試圖以清楚、確定的聲明結束我們的談話。第四，我自己的崇拜在自由教會的傳統這個背景內進行。因此，我的話可以更直接地應用到那個傳統，而不是其他傳統，雖然我希望啟發所有基督徒羣體的崇拜踐行。

一

上帝作為三一的一，是西方傳統所強調的。西方當然同意上帝的三，並留在正統教義的界限內。但在關注要避免三神論（tritheism）和肯定一神論（monotheism）時，西方神學家以上帝的一開始，並選擇保障那一的語言。

奧古斯丁（Augustine）是西方偉大的三一論神學家。[4] 他對三一論的心理類比（psychological analogy），主導了教會的思想多個世紀，而他對上帝的一和三的語言的選擇，將強調放在上帝的一之上。作為他對上帝的三和一的類比，奧古斯丁使用人類的位格作類比，雖然是一，但也有三：記憶、理解和意志。但這個奧古斯丁以不同方式使用的類比（*De Trinitate* 8～10）清楚強調上帝的一。而在努力要將信經的希臘語翻譯為拉丁語時，奧古斯丁選擇了強調上帝的一的詞語。

這種對上帝的一的強調，提醒我們必定不能將上帝的存有（being）或上帝的性情分開。上帝不是在神格（Godhead）中分割的。例如：我們必定不能把父的憤怒和子的憐憫，以及聖靈的溫柔作對比。父、子和聖靈對罪都同等憤怒，對罪人都同等憐憫，對所有都同等溫柔。

這「一的規則」對崇拜有重要的含義。我們往往受到試探，將崇拜想成更適合三一中三個「位格」的其中一位。因此，威嚴、列隊和傳統的崇拜，被說成反映對父的偏好。非正式、友善的崇拜，被說成反映對子的偏好。而有感情、歡慶的崇拜，則反映對聖靈的偏好。但如果我們應用一的規則，那麼我們便可以看到我們在崇拜的偏好中，以為我們可以在神格中將上帝分割，實在是錯誤的。如果上帝是威嚴的，那麼如果我們以為子只是三一中的「友善」位格，我們便是對子的神性（用最強烈的語言）說謊。如果父透過基督的工作與我們成為朋友，我們將父描述為三一中遙遠、冷漠的位格時，是對父的神性說謊。上帝在威嚴、友誼和熱情中都是一。這是我們必須開始神學地思考我們崇拜的三一形式的一個地方。

對上帝的一的強調的另一個方面，與上帝的工作有關。在西方傳統，神學家發展出將上帝的工作「歸於」（appropriating）三一中的其中一個位格這個觀念。因此，「歸於」父的工作是創造，「歸於」子的工作是救贖，「歸於」聖靈的工作是聖化。但在傳統中，這個歸於的觀念，受到先前對上帝的一的強調所保障。因此，雖然上帝參與的工作是創造，但教會明白子和聖靈也共同參與於創造。對救贖和聖化也是這樣：父、子、聖靈全都以這些方式工作。因此，雖然我們可以言説上帝工作中的經世安排（economy），但我們卻不能將那工作在三個位格中區分。創造、救贖和聖化的是獨一的上帝。

這個對一的規則的理解有兩個含義。首先，對那些與在崇拜踐行中將三一論的語言由父、子、聖靈改為創造者、救贖者和聖化者搏鬥的羣體來説，這規則禁止這種語言的改變，因為這改變將屬於三一上帝的工作限制在一個位格內。第二，對在崇拜時委身於父、子、聖靈的語言的羣體，我們必須明白關於創造、救贖和聖化的語言，對我們來説可以主要分別是關於父、子、聖靈的語言。但我們必須超越這個界限，明白例如關於上帝的聖化工作包括父、子和聖靈。我們因為上帝聖化的工作而讚美上帝時，不單在崇拜聖靈；我們崇拜的一位上帝，是聖靈、子和父。

在關於以三一的一作為崇拜的規則的這一節中，我們檢視過一些問題，是有時被人以崇拜的「風格」來思想的。不過，這種思想隱藏了我在這裏提出的更深刻的神學問題。這些問題只是讓我們開始考慮崇拜的一處地方；它們不是怎樣崇拜的訣竅。但我確信我們必須在這個層面開始對崇拜的思考，藉以令我們的崇拜保持它的真。

三

上帝身為三一的三，是東方基督教傳統所強調的。雖然我們很多人都不熟悉東方基督教傳統，但它是基督教信仰的古老的、正統的表達。正如西方傳統在強調上帝的一之餘，也肯定上帝的三，沒有脫離正統的基督教教義；東方傳統在強調上帝的三之餘，也肯定上帝的一，沒有脫離正統。

多個世紀以來，這個最古老的神學傳統由多種不同的正教團契所保存，而由於神學、文化和政治原因，這些教會與西方傳統分離（反過來也一樣）。不過，近年西方更能夠接觸東正教（Orthodox）神學家的著作，西方傳統的神學家在東正教傳統中找到重要的資源供他們進行神學思考。[5]

事實上，有好些著名的例子，是福音派人士加入東正教教會的。我並不感到有這種吸引力，這一章也不是要宣揚這種行動。不過，和很多其他人一樣，我確實在東方基督教的傳統中找到重要的資源，以新的方式開啟我們信仰的意義。

東正教的三一論教義始於上帝的三。大馬士革的約翰（John of Damascus）是最重要的東正教神學家，但他在東方扮演的角色，不如奧古斯丁在西方那麼重要。雖然在東方沒有一個主導的三一論神學家，但在那個傳統中，用來描述三一的語言明顯尋求強調上帝的三。

東方使用的類比特別反映這三。東方的觀點往往稱為社羣的三一（social Trinity），因為東正教神學使用社會的類比來描述三一：上帝像一個家庭。因此，東方強調的是上帝生命的動力性質。在上帝的三中，上帝與神格有關。父、子和聖靈享受一起的動態生命，彼此相愛和榮耀。上帝的三提醒我們不要將上帝想為固定的或獨立個體。我們倒必須將上帝想為永恆、動態的團契。

這三的規則對我們的崇拜有重要的含義。首先，這規則帶領我們將崇拜思想為不單在上帝面前發生、也在上帝自己的生命裏面發生的事情。崇拜不單是我們呈獻給上帝的東西；它也是我們有分於上帝的生命，有分於上帝的三的團契。

對我們西方的耳朵來說，這種語言顯得有點古怪，讓我們留意聖經一些和這論述一致的語言吧。新約告訴我們，父愛和榮耀子；子榮耀和順服父；聖靈榮耀子，提醒我們子的教導；子只教導祂從父那裏得知的事情。我們將注意力集中在三一的一個位格時，我們的視線便立刻被引到另一個位格。我們仰望父，祂告訴我們要看祂親愛的子；我們仰望子，祂要我們等候聖靈；我們仰望聖靈，看見耶穌得榮耀；我們仰望耶穌，祂將我們指向父的榮耀。一直繼續下去，令一些神學家提到三一神聖的舞蹈，彼此相愛和榮耀。

我們尋找基督徒生活的語言時，也在東正教中找到新約語言的反映。新約不單教導我們基督在我們裏面，也教導我們，我們在基督裏面。「在基督裏」就是**有分於**祂的生命，也就是永生，這是上帝的生命的特點，因為基督而變得可能。因此，在基督裏就是有分於上帝的生命。「在聖靈裏」也是分享上帝自己的生命的語言。因此我們看到東正教的語言雖然是我們不熟悉的，但卻植根於新約的語言和意象。

正如我已經說過，根據這個理解，崇拜不單是我們在上帝以外所做的事，而是我們有分於三一的生命。這加深和擴展我們對崇拜的 *telos* 和內在於崇拜踐行的美好的理解。這種有分令崇拜更嚴肅、莊嚴和神聖，同時也更歡慶、自由和有愛。

緊緊跟隨著這點的，是三的規則的另一個含義。如果我們留意著上帝的三那動態的生命，我們便想到崇拜不單是人的工作，而是上帝令人能夠從事的工作。

在很多處境下，以下這個提醒會有幫助：在崇拜中，如果將會眾思想為觀眾，而牧者、音樂家和其他人是崇拜者，這是錯誤的；更糟的是，將他們當為表演者，上帝最多也只是扮演旁觀者的角色。代替這幅錯誤的圖畫，我們獲告知，會眾中的百姓是崇拜者，牧者、音樂家和其他人帶領崇拜或令崇拜變得可能，而上帝是觀眾。

這是朝正確方向走的十分重要的一步。但依從三的規則，我們必須多走一步：是上帝令我們能夠崇拜。也就是説，正如創造、救贖和聖化，在上帝的三之中，這三者有一經世的安排，在其中，我們可以説每一個位格都有一個角色，而又不致威脅上帝的一；在崇拜中，我們也可以談及上帝的經世安排。

在談及上帝在崇拜中的經世安排時，我們必須大膽地談及上帝的三。在上帝對崇拜的經世安排中，上帝的愛在救贖中向我們伸展，又回到上帝那裏。從父，透過子，藉著聖靈來到我們這裏的愛，由聖靈，透過子，回到父那裏。因此，在崇拜中，上帝不單以觀眾和裁判的身分呈現在我們面前；上帝也臨在我們當中，透過聖靈的促成，子的中介，父的差遣，榮耀上帝自己，完善我們的崇拜。

有些人可能受到試探，將這個理解扭曲，變成在崇拜低劣或在生活不忠誠的藉口——我們沒有工作可做，因為上帝為我們工作。但如果正確地理解，上帝在崇拜中臨在於我們當中這宣稱，正呼召我們更熱誠地追求卓越和忠誠：聖哉，聖哉，聖哉，主全能的上帝，聖父、聖子、聖靈，我們在你裏面敬拜。這是有分於 *telos* 的崇拜踐行，模塑崇拜的羣體，實現內在於正確踐行的美好。

崇拜的三一的踐行

要承認上帝是三一的，是對根據某些規則思想我們的信仰和踐行的委身。在這一章，我尋求找出一些方法，開始以三一的用語來思考我們的崇拜。但最終，承認上帝是三一的，就是承認在耶穌基督裏救贖我們的上帝的奧祕。在這奧祕面前，我們所有話語都不足以描述上帝的榮耀。

我們必須以奧古斯丁結束他對三一論的偉大著作的方式，結束我們對上帝身為三一的思想：首先承認我們不能不思想和談論上帝，因為上帝在耶穌基督裏救贖了我們；第二，我們總是不足，需要上帝的赦免：「主啊，一位上帝，三一的上帝，我在這些書中所說的一切都來自你的推動，願你的百姓承認它；如果我所說的是單來自我自己，我求你和你的百姓赦免。」（*De Trinitate* 51）

我們要正確地思想上帝時，總是跌跌撞撞；但和保羅一起，我們關於在基督裏救贖我們的上帝的所有思想，都不是在進一步談論上帝，而是在崇拜上帝——榮耀頌（doxology）——中結束：

> 深哉，上帝豐富的智慧和知識！他的判斷何其難測！他的蹤迹何其難尋！
> 　　誰知道主的心？
> 　　　　誰作過他的謀士呢？
> 　　誰是先給了他，
> 　　　　使他後來償還呢？
> 因為萬有都是本於他，倚靠他，歸於他。願榮耀歸給他，直到永遠。阿們！（羅十一33～36）

這個認信，實際上是按三一論式的規則來崇拜的模範表達。承認上帝是三一的，是內在於對上帝的崇拜的，祂為了我們受造的目的而招聚我們，讓我們可以活著。在帶給我們生命時，上帝將聖靈吹進我們裏面，而聖靈透過基督指導我們的崇拜的踐行朝向父。

註釋：

1. 有關克服教義和踐行之間的不連繫性的另一個嘗試，參本書〈附錄〉。在那裏我對一些踐行者對教會的論述作出評論。
2. 有關歷史和當代對三一論教義的指引和有用的書目，參 Roger E. Olson and Christopher A. Hall, *The Trinity* (Grand Rapids: Eerdmans, 2002)（中譯本：《基督教三一論淺析》〔香港：基道，2006〕）。
3. 林貝克（George A. Lindbeck）在富影響力的 *The Nature of Doctrine: Religion and Theology in a Postliberal Age* (Philadelphia: Westminster Press, 1984) 中，論證教義作為規則（rules）這個觀念。雖然我相信這個觀念有用，並應用在這一章，但我不同意林貝克的論證的某些方面。
4. 參奧古斯丁的《論三一》（*De Trinitate*），有多個版本。
5. 西方的東正教神學家，包括施梅曼（Alexander Schmemann）、梅耶多夫（John Meyendorff）和洛斯基（Vladimir Lossky）。近期布爾加科夫（Sergius Bulgakov）著作的翻譯，令西方接觸到這位偉大的俄羅斯東正教神學家的思想。以不同方式受東正教影響的西方神學家包括溫賴特（Geoffrey Wainwright）、莫特曼（Jürgen Moltmann）、韋柏（Robert Webber）和普蘭丁格（Cornelius Plantinga, Jr.）。對北美基督徒有用的東正教簡介是 Anthony Ugolnik, *The Illuminating Icon* (Grand Rapids: Eerdmans, 1989)。

5
崇拜
作為語言的學校

如果崇拜要成為善、真、美的三一踐行，令上帝的百姓有分於工作、爭戰和見證，它便必須植根於教會最深的信念，而不是世界的謊言，並由這些信念引導。要這樣，教會的生活必須刻意地具有神學性。而神學必須刻意地向教會、而不是學術負責。神學和教會的生活最完滿地匯聚的地方是崇拜。在那裏，我們在踐行中學習神學的語言；在那裏，教會的踐行受到神學的檢驗。

在這一章，我最終會轉向崇拜作為教會踐行的基礎。但在去到那裏前，我會首先對我提出的論述加上更多神學概念，並將牧者的其中一項工作置於「踐行的教會」裏面。在立下神學基礎後，我會提議我們將牧者（在他們的眾多活動中）看為語言的教師，令上帝的百姓恰當地談論和踐行在耶穌基督裏的信仰語言。[1]

有時，藉著以新的亮光或從一個不同角度看一件熟悉的物件，我們可能看到自己以前從來都看不到的東西，雖然它們一直都存在。這正是我希望在這一章實現的——以新的方式看上帝百姓的生活，以及看一些關乎牧者的熟悉的活動。

我會先提到一些引導我關於牧者作為語言教師這思想的著作，藉以建立我的論述。確立了牧者作為語言教師這基本觀念後，我會提出一些例子，表明在踐行中這會是怎樣的。以這個探討為基礎，我會考量為甚麼我們需要牧者？為甚麼我們需要的不單是牧者？以及崇拜在我們學習耶穌基督裏的信仰的語言時，崇拜為甚麼是重要的？

來源

在較早的一章，我介紹麥金太爾的著作，作為對細心思想踐行的教會的貢獻。在這裏我會介紹兩位神學家的著作，加深我們對踐行的教會的理解。這個取向，令這一章給人與前面三章不同的感覺，但最終我會回到崇拜的踐行。在這一章，我期望從神學角度擴展我們對踐行的理解。

近年在神學上其中一本最有影響力和得到廣泛討論的書籍是《教義的本質》（*The Nature of Doctrine*）。在這本書，林貝克（George Lindbeck）論證一種對宗教的文化－語言的理解，相對於認知－命題和經驗－表現的理解。[2] 在文化－語言的理解中，宗教是信仰羣體的生活和語言。在認知－命題的理解中，宗教是信仰羣體關於「客觀實在」的信仰系統。在經驗－表現的理解中，宗教以屬靈的象徵詞語表達人們的經驗。

由於我不是想撰寫關於林貝克的著作，而是期望採用其觀點，這裏的重點，是他的文化－語言取向將神學牢牢地置於信仰羣體中，並作為它的生活和見證的表現和引導。根據林貝克的建議，教義調節上帝百姓的生活和見證。教義的意義在羣體對教義的使用中找到：「因此，對基督徒來說，『上帝是三和一』，或者『基督是主』只是作為思想、說話、感受和行動的整體模式的部分時，才是真實的。它們使用於任何與那種模式——即總體來說，確信上帝的存有和旨意的模式——不一致的場合時，則是虛假的。」（頁64）由於教義規範我們一起的生活，是它們解釋我們的經驗，而不是我們的經驗解釋我們的教義。因此，例如：「十字架不應該被視為象徵性地代表受苦，彌賽亞國度也不是象徵對將來的盼望；相反，受苦應該是十字架式的，對將來的盼望應該是彌賽亞式的。」（頁118）

根據林貝克的觀點，神學藉著幫助我們運用我們信念的語言，模塑我們的生活和見證，令我們忠於上帝在耶穌基督裏所做的事情，以致我們的見證能夠被我們的世界理解，也可以應用到這個世界，從而服事信仰羣體。

在林貝克以前，我透過霍爾默（Paul Holmer）的著作，知道語言對理解神學的任務的重要性。在《信仰的語法》（*The Grammar of Faith*）中，霍爾默提出三個關於神學和語言的論證（以及很多其他事情），對論述牧者身為語言教師的角色都是十分重要的。[3] 首先，霍爾默論證說，學習神學好像學習語言。更具體地，神學是信仰的語法。因此，我們學習神學，就好像我們學習語言。開始時，我們可能藉著背誦，學習一種語言的語法規則；但到了一個時候，我們不再意識到那些規則，我們只是說出那種語言。其他人學習一種語言，可能是藉著沉浸在其中並掌握它。但我們仍然需要那語言的語法，讓我們開始明白它怎樣運作，以及它可以怎樣出錯。

如果是這樣的話，學習神學本身不是目的，學習神學是學習信仰語言和變得更忠誠的手段。霍爾默的論述，令生活這課題在基督教中變得十分重要，但這卻沒有貶低或拋棄神學。相反，霍爾默向我們論述神學正確的地位和功能。因此，神學必須在與教會的踐行中，並作為那些踐行的一部分，找到自己的位置。

第二，神學的語言是**屬於**（of）信仰的語言，不是**關於**（about）信仰的語言。正如我們學習法語不是藉著學習關於法語的事情，而是實際地學習法語——它的詞彙和語法——我們學習神學也不是學習關於信仰的事情，而是要變得更忠心。[4] 因此，神學之被創造，不是完全自由的。神學是被上帝先決的工作所定規的，這工作在耶穌基督裏達到高峯（頁4）。我們混淆了神學的任務，認為它是**關於**信仰而不是**屬於**信仰的，似乎「神學是極度抽象，是專家的領域，是不實用的，對平信徒沒有用，是關於一些與學術無關的人不會也不能關心的事」（頁1）。但我們踐行神學，並以此作為信仰的語言時，神學在門徒羣體中便有正確的位置。

第三，霍爾默引用二十世紀在劍橋（Cambridge）任教的奧地利哲學家維根斯坦（Ludwig Wittgenstein）的著作，藉以論證說，言詞無關乎指涉，而是人們藉著使用言詞，人們作指涉（頁92）。這表示「使用神學作為語法的整件事，也要求我們將我們的國家、我們的世界、我們自己、我們的將來指向上帝」（頁26）。這也表示，一種語言的生命（liveliness），很大程度上倚賴使用它的人的生活。因此，「對這種學習和思想來說，人格上的條件變得十分重要」（頁68）。也就是說，信仰語言的活力很大程度上倚賴忠心的人生活的活力。

因此，雖然有一些在這裏與我們無關的分別，在這種文化和語言系統（這是教會的生活）的背景下，林貝克為我們提供了一些思考神學的方向。我在這裏所關心的，不是直接提出論證以支持林貝克和霍爾默的觀點。他們和其他人已經詳細提出正反雙方的論證，以及對他們觀點可能作出的修改。[5] 我倒想利用他們的建議，藉以闡明上帝百姓的生活，以及闡明牧者的工作是那生活的一部分。這樣做時，我尋求忠於他們對神學的理解。

以林貝克和霍爾默的洞見為基礎，我們可以開始將牧者理解為語言教師。首先，我們可以將牧者思想為教會信仰的語法學家。也就是說，牧者的其中一個責任，是教導信仰的語法。在將教會理解為由它的踐行和語言模塑的羣體這個背景下，牧者的責任是教導和守護信仰的語法。最直接完成這個責任的是教義問答和門徒的課程。在這些環境下，牧者把耶穌基督的信仰的基本語法——三一論、基督論、藉恩典得救和其他——教導其他人。教導這種語法的其他時間，可以是講道、委員會會議、輔導和隨便的交談。[6]

不過，牧者不單是語法學家；牧者也是語言教師。正如霍爾默指出，能夠說一種語言，不單是認識那種語言的語法。我們必須懂得運用語法知識，才能夠說那種語言，並以正確的方式運用它。因此，牧者必定不能單單教導信仰的語法，他們也必須教導別人怎樣運用那種語言。在這裏，牧者的呼召，是將生活的一切都指向在耶穌基督裏啟示的上帝。牧者必須將信仰的語言付諸行動，教導別人怎樣將他們的工作，他們的家庭，他們的感受和他們的恐懼，都指向福音。

牧者身為語言教師這個責任，構成牧師身為語言教師的主要工作。在講道、輔導、事務會議中，牧者都蒙召忠心地說話。因此，講道成了牧者可以就手頭的問題教導基督徒說話方式的機會。聖經成了我們的教科書，牧者解釋聖經的時間是學習信仰語言的時間，講道將那語言擴展到聽眾的生活中。講道的焦點不是解釋經文，而是根據經文解釋世界。講道令福音適切我們的生活，不是藉著將它翻譯成已經接受的詞彙和概念，而是藉著擴展它的語言到我們的整個生活，使福音適切我們的生活。

在輔導中，牧者聆聽別人講述自己的生活，並期望幫助他們更忠心地講述。牧者可以運用不同的策略。有時，牧者可能需要做一些基本的語法指導：「你沒有正確運用關乎罪的語言。基督徒對罪的理解，是這樣的，我們是這樣對待這語言的。」在其他時候，牧者可以間接地工作：藉著提出問題或以更好的（神學）「語法」重述一些事情，幫助別人糾正他們自己的語言。在所有這些取向中，牧者的目的都是令別人能夠學習信仰的語言。

或許最難以教導信仰的語言的環境，是「業務」（business）會議。當然，那語言出賣了我們。崇拜不是教會的真正「業務」嗎？**業務**這個詞不是將我們拋進市場、策略計劃和類似的語言嗎？[7] 在這裏，我承認仍然有很多工作需要做。或許，我們可以從這裏開始考慮一下屬靈恩賜的語言可以怎樣進入我們教會的會議，並糾正我們的語言和我們的語法。[8]

到現時為止，我所寫的，都彷彿表示我們只是在說話時運用語言。不過，林貝克和霍爾默的論述提醒我們，語言和踐行是不可分開地連繫在一起的。例如：基督教關於罪的語言應該引導我們認罪、悔改和饒恕。也就是說，描述一種行為為罪，這告訴我們，身為耶穌基督的追隨者，我們應該怎樣對待那行為。

因此，我們在論述牧者身為語言教師以外，還必須加上以下的話：牧者不單必須說信仰的語言，他們也必須把它踐行出來。認識聖經原來的語言、歷史和文化是重要的，但同時，「人會懷疑，學習飢渴慕義，學習愛鄰舍，和實現高度的自我關注，藉以明白新約的宗教主題，這比起大部分歷史材料重要得多。」[9] 因此牧者的性情和他們的屬靈生活，對正確認識和教導信仰的語言是十分重要的。我們可以不認識饒恕而談及**關於**饒恕的事，但我們只有經歷過饒恕才能夠談論饒恕（用霍爾默的話）。或許我們的神學（甚至牧養事奉）受到質疑，是因為我們往往用「關於」的語氣來說話。

這肯定是一個複雜的宣稱。當然，有些人——或許很多人

——透過那些性情不太值得欣賞的人所傳的道而接受信仰。而且，不忠並不破壞福音的真理。但保羅給提摩太的勸誡和他對自己的踐行的描述，都清楚表明性情對忠心的牧養工作是十分重要的。而且，正如霍爾默論證說，我們需要忠心的生活，使信仰的語言充滿生氣並體現這語言。[10]

我們可以藉著思想別人感到哀傷時所作的牧養工作，將性情的問題和牧者身為語法學家和語言教師連繫起來。牧者和因失去孩子而哀傷的父母坐在一起時，可能聽到很多「不合語法」（ungrammatical）的話。牧者需要憐憫和實際的智慧，才能給予恰當的回應。這不是上語法課的時候；這時候不應該說：「讓我告訴你怎樣恰當地談論這件事和你的感受。」但這時牧者可以溫柔地言說信仰的語言，並在這樣做時，教導哀傷的人怎樣向上帝提及他們的哀傷。在這個處境下，正確的神學和技巧並不足夠；牧者的性情也十分重要。

所以林貝克和霍爾默教導我們，將基督徒羣體看為我們教導踐行和語言——這踐行和語言能見證福音——並令我們能夠更忠於福音地生活的地方。在這個羣體中，牧者是教導和守護信仰的語法和語言的人。為了這樣做，牧者必須在自己的生活中忠心地踐行信仰的語言。

例子

為了更清楚牧者身為語言教師的這個觀念，我想從貝爾（Roy Bell）的事奉中探討三個例子。貝爾是在英格蘭受教育的愛爾蘭人，他大部分成年生涯，都是在加拿大事奉的。在新不倫瑞克（New Brunswick）短時間牧會後，貝爾在艾伯塔（Alberta）和卑詩省（British Columbia）的幾間教會事奉；他也以幾種重要的方式，在加拿大西部的浸信會聯會（Baptist Union）和世界浸信會聯會（Baptist World Alliance）事奉。他是我太太和我的導師。或許他最重要的牧養崗位，是在溫哥華的第一浸信會的牧職，我大部分例子都取自那裏。雖然貝爾知道自己的缺失和缺點，而且可能會因我的論述而感到尷尬，但我想不到任何方法，比顯示他怎樣在自己的事奉中教導福音的語言，能夠更好地向他的事奉致敬和讓我所建議的能發展下去。這樣做時，我也想強調，我不是嘗試在牧養事奉上加上一些東西。我只是嘗試將一些很多人已經在做的事情，變得明確和做得更刻意。

牧者身為語言教師，在貝爾的事奉中其中一個最有力的表達，是他的講道。我以前偶然會（向貝爾）抱怨他的證道沒有足夠的「神學」或解經。同時我卻因為他的講章的力量而感到奇怪。現在我想到，我抱怨時，是抱怨他講道時沒有直接和明確地教導神學的語法。他只是以根據福音述說對我們的生命有意義的方式，踐行福音的語言。他沒有告訴我們「聖經說甚麼」，而是教導我們怎樣以聖經思考。他教導我們怎樣在自己的生活中使用罪和救贖的語言。他沒有單單告訴我們聖經呼召我們和好；而是教導我們怎樣在與上帝和別人的關係中踐行和好。用林貝克的話來說，他拿取我們的世界，將它吸納進聖經的世界中。[11]

其中一個例子是貝爾「真假罪疚感」這個系列的講道。在這個系列的講道中，貝爾選擇罪疚的語言，並教導我們怎樣正確運用它。正如在煮食時我們必定不能混淆小蘇打粉和砒霜；在基督教，我們必須學習不要混淆真正和虛假的罪疚。在講道中，貝爾幫助我們分辨，我們怎樣錯誤使用罪疚的語言來指涉行為和感受。他教導我們，我們往往錯誤使用罪疚的語言來描述我們不能控制的行動和環境，在其中我們是罪的受害人而不是犯罪者。身為受害人，我們錯誤地將罪疚應用到自己身上。這種錯誤使用令我們沮喪、絕望，甚至放棄信仰。

然後他教導我們怎樣正確使用罪疚的語言，讓我們可以認識赦免和自由。在這裏，我們必須學習承認，我們不單是罪的受害人，也是犯罪者。這是真正的罪疚感，只能夠藉著通往和好的認罪、悔改及赦免，真正的罪疚感才能夠得到正確的處理。只有藉著學習怎樣正確使用罪疚的語言，我們才能夠知道怎樣對待它——從事甚麼踐行。[12]

貝爾的講道的另外一面，則示範了我所論證的東西，那就是他對傳記的使用。貝爾使用傳記，不是要說明一個論點，而是要顯示生活怎樣體現語言和踐行。這是細微但重要的區分。利用生活來說明論點，是假設論點是最重要的，生活對觀念、原則或講道重點來說，只是偶然性的。無論是否有意識，貝爾使用傳記的方式，只是讓我們看到生活怎樣體現信仰的語言和踐行，於此，重要的是忠於福音的生活方式。正因為這樣，貝爾的講道很少有「論點」。事實上，如果有人嘗試確定他講道的論點，可能會感到失望。一篇講章的整體語言和講章所銘刻的生命，本身就是「論點」。

除了他的講道外，貝爾在個人交往方面，也是有效的語言教師。關於貝爾事奉的這方面，我最直接和具形塑作用的經驗，是學習怎樣運用信仰的語言來思想和踐行權力。我自己的基督教傳統，令我沒有得到好好的裝備以致能忠心地談論權力。人們告訴我，運用權力本身是有罪的。結果，在我初期的教會經驗中，無可避免地要運用權力時，是由邪惡、世俗的踐行管理，因為那是我們用來談論權力的惟一一種語言。在很多關於教會會議、宗派政治等等的談話中，貝爾都迫使我開始就運用權力培養忠心的語言和踐行。當然，我們仍然是罪人，所有人都會犯錯，但我相信貝爾自己的事奉代表了一種委身，尋求甚至將權力的運用都臣服在耶穌基督的掌管之下，而不是自己或任何人的野心和計劃之下。

貝爾偶然會因為自己傾向冷酷而哀歎，但這樣做時，他運用信仰的語言令自己對權力的運用受到控制。沒有將信仰的語言使用到權力上的牧者或領袖，濫用權力的危險最大。貝爾明白需要運用權力為教會帶來改變，並實現教會的事奉和使命，以及改變生活。他能作得最好的，是他以權力的行使配合事奉的 *telos*，以致他尋求的不是外在的美好，而是更大地有分於教會的 *telos*。（我們會在第十章回到權力的「踐行」。）

含義

到目前為止，我都是藉著檢視不同的來源和踐行，那可闡明在上帝的百姓中間的牧養職事，從而建立牧者身為語言教師的論述。這種思考方式對上帝百姓的生活和見證有無數含義。我會提出其中三個。

首先，將牧者思想為語言教師，有助我們看到為甚麼我們需要牧者。我們需要牧者，因為我們需要有知識和具屬靈能力，並能教導和守護信仰的語法和語言的人。牧者是教會認為擁有這些能力的人。而且，教會為牧者把時間分配好，讓他們可以細心留意信仰的語法和我們的語言。隨著上帝的百姓實行他們眾多的責任時，牧者幫助我們學習那語言，並支持那些踐行，令我們可以以上帝忠心的僕人這個身分生活，並見證上帝在耶穌基督裏的工作。

這個取向幫助我們部分地明白神學教育的實質和目的。我們研究聖經、希伯來語和希臘語、古老的歷史和文化時，並非對古文物有興趣。我們是學習聖經的世界，讓我們今天可以更忠心地講說福音的語言。因此，知道「學者說甚麼」本身不是目的；只有當它令我們能夠忠心地說話和踐行時，它才是值得的。讓我走遠一步，因為我覺得很多聖經的學術都似乎陷於學術的語言，這與忠於福音的文化－語言的世界沒有多大關連。[13]

正如聖經研究一樣，我們研究神學的時候——早期關於基督論的爭論、加爾文（John Calvin）的《基督教要義》（*Institutes*）、約翰・衛斯理（John Wesley）的《講道集》（*Sermons*）、巴特（Karl Barth）的《教會教義學》（*Dogamtics*）和布洛施（Donald Bloesch）的《基礎》（*Foundations*）——並非只是學習他們所教導的。我們再次成為學徒，與他們學習前人在語法和語言上的錯誤，並學習別人怎樣忠心地講說信仰的語言。我們也可能重新發現一些詞彙，那是我們忽略了但在今天需要重拾的。

我得承認，我們並非經常這樣思想神學教育。我們也沒有很多神學家是代表這種神學取向的。事實上，我們可能發現在福音派神學家中，對林貝克的建議和這建議對福音派神學的影響，潛藏著一股正在增強的張力。不過，我認為這論述，對於教會將來忠於耶穌基督的福音的，是很有希望。

最後，在神學教育中，我們可以開始明白，我們在其他課程中應該做甚麼，例如是輔導、佈道和跨科際的研究。在這裏，我們也可以將自己視為在生命的這些領域中教導福音的語言和踐行。事實上，這裏的進一步思想，可能令我們能夠對神學教育提出比現在更融貫（coherent）的論述。

所以，我們需要牧者成為語言教師。但將牧者思想成語言教師的第二個含義是，我們學習信仰的語言，需要的不單是牧者。再想一想我們怎樣學習一種自然語言。大部分以法語為第一語言的人，都是藉著在說法語的羣體中長大而學習這種語言的。在某個時間，透過學習這種語言的歷史和語法，人們接受更正式的法語教育。而支持著這一切的是法國文學的偉大作品，例如帕斯卡（Blaise Pascal）的《書翰集》（*Provincial Letters*）和福樓拜

（Gustave Flaubert）及雨果（Victor Hugo）的小說。換句話說，語法和語言教師，自己本身並非總是最出色的語言講者和最優秀的語言藝術家。最終，我們藉著留意一種語言一些公認的大師來學習那種語言。

同樣，牧者和神學家可能不是最出色地說那種語言的人。他們往往倚賴別人的作品——和生活。正如我在上面指出，這是我們研究過往的大師的著作的其中一個原因。但我們也需要將這擴展到現在。在我認識的每一間教會中，都有些上帝的百姓安靜和深刻地在自己的生活中講述福音的語言——在工作、在家裏和在教會。這些是教會的聖徒，牧者可以從他們身上學到很多東西。他們是現時的本地福音語言「大師」，雖然他們從不寫書，但他們的生活卻是傑作。

在我自己的牧養生涯中，我從一對年青夫婦身上學到基督徒恰當的哀傷語言，他們的兒子在出生後不久便死去。我從兩位與我分享他們生活的男士身上學到很多關於在「平凡」工作中忠心的事情。我在家裏從太太和女兒身上學到很多關於忠心的語言的事情。提出例子並非總是合適的，但講道可能往往是對其中一位聖徒的忠心生活的默想。同樣，在輔導中，我往往不是引用自己知道的，而是別人使用福音的語言解釋他們被欺負、道德失敗、情感騷動的經驗時所給我的榜樣。

視牧者為語言教師的論述的第三個含義，可以藉著思想我們運用「自然」語言的能力怎樣衰敗而看到。例如：我在日常談話中使用的英語，往往是不合語法的。雖然我努力嘗試，我說「不同」的時候，總是說“different than”而不是“different from”，我的詞彙也包括「好像」、「我的意思是」和「你知嗎」等流行話。我們就自然語言學到的專門用法也衰敗。例如：幾年前，我是液體燃料蒸汽機車的工程師。我的日常語言包括霧化器、噴油器、水玻璃和燃料把手。但現在，幾年後，我正確使用那種語言的能力已經減退。我需要努力想很久，才能記起製造烟囪上抽的「東西」（語言衰敗！）叫做風箱。

同樣，我們使用信仰語言的能力也會衰敗。在我們日常生活的壓力下，我們停止使用感恩的語言，我們不再用**罪**來描述我們對上帝的不順服，我們也不祝福那些逼迫我們的人。我們使用政治（我們有權）、心理治療（我們有情意結）和經濟（別人欠了我們）的語言，以代替信仰的語言。

崇拜作為踐行

我們聚集，重新學習和糾正我們的語言的地方是崇拜。崇拜包括很多事情，其中一件事，是專注於信仰語言的教訓。例如：在這裏，我們重新學習罪的語言。正如魯益師（C. S. Lewis）在他的著作中的某處說，有時我們認罪，因為我們真的察覺自己的罪；在其他時候，我們認罪，藉以學習我們是「可憐的罪人」。當然，基督教罪的語言走得更遠：我們對罪所做的事，就是承認它，然後從充滿憐憫和慈愛的上帝那裏接受赦免。因此罪的語言教導我們怎樣思想自己和上帝；我們是被上帝在耶穌基督裏的憐憫所赦免的罪人。

在崇拜中，我們也學習感恩的語言。我們所有和所是的一切，都是來自上帝的恩賜。所以，我們把我們的讚美聚集在一起時，我們被教導：不要將這些事情思想為「我們的」，即按我們喜好去做；而是被教導要視它們為上帝的，即按上帝的喜好去做。我們不再能夠堅持自己的成功、自己的興盛、自己的地位，並以此作為我們的權利，或者是我們配得的。相反，我們學習把它們描述為恩賜，屬於需要傳給別人的。

我們在崇拜中把我們的認罪和感恩聚集在一起時，我們也可以把我們的哀傷和我們的需要帶來。在日常生活中，我們往往很有紀律地自行處理自己的需要。承認軟弱或在工作中感到不確定，可以帶來各種令人不快的結果。我們很容易、也往往將這種紀律帶到與上帝的關係中。但隨著會眾被引領進入崇拜，我們在彼此間和與上帝分享我們的需要時，我們再次學習將我們的需要，指向福音的恰當語言和踐行。

最後，在崇拜中，所有我們的語言和踐行，一起教導我們，根據福音，世界實際看來是怎樣和實際上是怎樣。在崇拜中，我們的語言和踐行訓練我們，在充滿叛逆、充滿其他語言和踐行的世界更忠心地生活。那些帶領崇拜的人，必須專注於使用那些語言和踐行，而這是能夠糾正我們的錯誤，並令我們能夠有分於福音的真實世界的。

雖然這個論述，有令崇拜顯得像現實生活中一個實習環節的危險，但在最好的情況下，它可以幫助我們看到怎樣醫治「崇拜」和生活的其餘部分之間的破裂。在這個論述中，生活的一切都要為了事奉和讚美上帝而活。我們稱為「崇拜」的（羣體的聚集時間），是我們用來專心地專注於總應該怎樣生活，以及訓練我們總應該怎樣生活的時間。我們在崇拜說和做的事，是我們在整個生活中都應該說和做的。

註釋：

1. 這一章的一個較早的版本是：Jonathan R. Wilson, "The Pastor as Language Teacher," *Crux* 31 (June 1995): 15～22，那是 *Crux* 特別的一輯，用來記念貝爾（Roy Bell）的事奉。我在埃德蒙茲浸信教會（Edmonds Baptist Church）牧會，閱讀 George A.

Lindbeck, *The Nature of Doctrine: Religion and Theology in a Postliberal Age* (Philadelphia: Westminster Press, 1984) 和在克里神學院上貝爾的牧養關顧課時，想到原本那篇文章的意念。

2. 雖然林貝克的預表法（typology）可以說適用於所有「宗教」，我會用它來指涉基督教，正如他很大程度上也這樣做。
3. Paul L. Holmer, *The Grammar of Faith* (New York: Harper and Row, 1978).
4. 這令我想到「美國人研究外語，而其他人則學習外語」這句挖苦的話。
5. 有關福音派對林貝克的認同性回應，參 Clark H. Pinnock, *Tracking the Maze* (San Francisco: Harper and Row, 1990) 和 Stanley J. Grenz, *Revisioning Evangelical Theology* (Downers Grove, IL: InterVarsity Press, 1993)。有關更具批判性的評價，參 Alister McGrath, *The Genesis of Doctrine* (Oxford: Blackwell, 1990)。也參廣泛的專題論叢，Bruce D. Marshall, ed., *Theology and Dialogue: Essays in Conversation with George Lindbeck* (Notre Dame, IN: University of Notre Dame Press, 1990)。
6. 在這一章的下一部分，我會藉著提出一些具體例子，進一步發展這個主張。
7. 參 Philip D. Kenneson 的出色文章，"Selling [Out] the Church in the Marketplace of Desire," *Modern Theology* 9 (October 1993): 319～348。
8. 開始思想這點的其中一個地方是 John Howard Yoder, "The Hermeneutics of Peoplehood," in *The Priestly Kingdom* (Notre Dame, IN: University of Notre Dame Press, 1984), 15～45。
9. Holmer, *Grammar of Faith*, 9.
10. 在這一章的下一節，我們藉著論證我們需要更多忠心的牧者，才能夠學習信仰的語言，從而進一步發展這個主張。
11. Lindbeck, *Nature of Doctrine*, 118：「預表法沒有為了聖經以外的實在，從而使聖經的內容成為比喻，而是顛倒過來。它沒有好像我們這個時代的人們經常說的那樣，提出信徒在聖經中找到自己的故事，而是說信徒使聖經的故事成為自己的故事。十字架不應該被視為象徵地代表受苦，彌賽亞的國度也不應該被視為將來盼望的象徵；受苦倒應該是十字式的，對將來的盼望應該是彌賽亞式的……可以說，是經文吸收世界，而不是世界吸收經文。」也參 Bruce D. Marshall, "Absorbing the World," in *Theology and Dialogue: Essays in Conversation with George Lindbeck*, ed. Bruce D. Marshall (Notre Dame, IN: University of Notre Dame Press, 1990), 69～102。

12. 參考我對罪的受害人和犯罪者的區分的探討，Jonathan R. Wilson, *God So Loved the World: A Christology for Disciples* (Grand Rapids: Baker, 2001), 91～97, 109～115。

13. 參考我沿著這思路的進一步論證，見 Jonathan R. Wilson, "Theology and the Old Testament," in *Interpreting the Old Testament: A Guide to Exegesis*, ed. Craig C. Broyles (Grand Rapids: Baker, 2001), 245～264。

第二部

革　新

6

見證
作為國度的語言和行為

有很多年，我都使用「向內的旅程，向外的旅程」（Journey inward, journey outward）[1] 這個比喻來教導教會的生活和使命。這個比喻幫助我看到教會的生活依從一種雙重的節奏或運動。我發覺我將這比喻發展成心跳時，這「雙重性」尤其有幫助：心跳一下，將血液抽去進行充氧，然後使血液在身體裹循環，以傳送氧氣和其他生命所必須的物質。雖然我仍然使用這個比喻，也覺得它有幫助，但最近我也發覺了它的限制，因為教會的生命在世界的「循環」以及在聚集在一起時得到活力。同樣，教會的使命，在教會聚集在一起以崇拜和接受指導，以及進到世界事奉時，教會的使命便得以實現。

我最近所明白的「向內的旅程，向外的旅程」的限制，在本章聚焦到見證的踐行（practice of witness）時尤其重要。當我們把注意力集中於在教會的踐行中的上帝（本書第二至四章），然後，再考慮牧者在踐行的教會中的角色，接著，是時候聚焦到羣體和它的見證。當然，我的論述一直都包括羣體，我已經指出了我們會在這一章考慮的一些課題。而且，見證在崇拜中繼續著——當在我們宣告上帝的性情，並在我們的崇拜的踐行中工作和活出這性情時——並作為讓世界知悉上帝配得讚美的記號。但現在這一章的目的，是將見證的踐行從背景帶到舞台的中心。

要這樣做，我會首先論證蒙召作見證的**羣體**的重要性。太多時候，我們視見證為單獨而不是集體的行動。在新約，見證集中在羣體的生活中。接著我會發展一個主張：見證的 *telos* 是上帝的國度。這個主張闡明見證的踐行，並帶領我們考慮教會的見證的一個長期的爭論：在教會見證中「佈道」和「社會行動」相對的重要性。我會論證國度的 *telos* 可解除這種張力，除去這個辯論經常帶給教會的困惑。除去這障礙後，最後我會提出一個簡短和具提示性的論述，以講述教會的不同踐行怎樣見證上帝的國度。稍後我會用整章來討論教會的見證的另一方面：聖靈降臨時教會得著的能力，以及由聖靈繼續賜下的能力。

羣體

我從羣體的重要性開始，不是因為它是耶穌的大使命的第一或最重要的部分，雖然我們可以論證支持這兩種見解。我從羣體開始，是因為這是最受忽略和最不為人認識到的一面。耶穌差派門徒時，以他們作為一個整體，而不是以獨立個體來差派。當然，我們看到彼得、保羅和其他獨立個體的傳道，但即使那見證的行動，也是整個教會透過他們共同的生命所進行的行動。

差派的眾數性（plurality），以及實際上是新約的眾數性，在今天往往被當代英語的限制模糊了。在我們今天使用的英語，我們沒有清楚的第二身眾數。英文的 “You” ，既指單數的「你」，也指眾數的「你們」。在美國南部成長，我對「你們眾人」（y'all）的解釋的可能性頗為熟悉。我也聽過「你們」（youse）和「你們眾人」（youse guys）。但這些口語都不足以讓人看到，以致可以幫助我們恢復眾數的你們。而且，這些詞語往往被人隨意用來指單數和眾數。

這個限制是十分不幸的，因為大部分新約經文原來的希臘語，都是向眾數的「你們」說的。以前的英語有另一個選擇。聖經的《詹姆士譯本》（或《欽定本》）（King James [or Authorized] Version）於「你們」在句子的主語位置時用"ye"來反映那眾數。（當它是動詞或介詞的受詞時，"ye"便轉為"you"）。看看以下幾節經文：

> 你們（ye）要先求他的國和他的義，這些東西都要加給你們了。（太六33）

> 所以，你們（ye）要去，使萬民作我的門徒，奉父、子、聖靈的名給他們施洗。（太二十八19）

> 你們（ye）就是這些事的見證。（路二十四48）

> 但聖靈降臨在你們身上，你們（ye）就必得著能力；〔你們〕（ye）並要在耶路撒冷、猶太全地，和撒馬利亞，直到地極，作我的見證。（徒一8）

耶穌這些應許和命令，是給「眾數的你們」的——是上帝百姓的羣體。這樣以羣體為焦點，對這本書的論證不可或缺，因為羣體的生活對學習語言和從事踐行都是必不可少的。語言的元素可以獨自一人記牢，但說一種語言，則需要有其他人，那語言成了他們和自己的共同生活，令生活的結構和活動得以發生。事實上，語言技巧和羣體參與及形塑是連在一起的。

我們可以藉著回到籃球的例子更明白這點。籃球員學習防守策略（人盯人、人盯人區域聯防、一盯人四區域、三區域二盯人）、進攻策略（掩護轉走、背對籃框、高位、低位、擋切戰術、開後門）及個人動作（高吊傳球、彈地傳球、跳釣、單擋、雙擋、空中接力）的語言時，籃球隊的「羣體」便形成。籃球隊是一個羣體，對這個羣體來說，這種語言涉及一些東西，令他們的行動可以被描述，令事件可以發生。

同樣，福音的本質，要求羣體藉著活出福音的語言和踐行而見證福音。和好、饒恕、挽回、讚美、感恩和很多其他東西，都始於上帝在耶穌基督裏仁慈的行動。但人類蒙召進入基督裏時，這些行動都不能受制於只有上帝和獨立個體（individual）的關係。在舊約和新約的每一部分，任何給獨立個體的呼召，都要求獨立個體進入羣體，也是為了羣體。

我們在亞伯拉罕的呼召中清楚看到這點。上帝祝福他，是令他的後裔成為一個國家，並透過他們祝福萬族。我們在門徒身上也看到這點，他們蒙基督呼召，並在聖靈令教會存在時，便成為祂的見證人和教師。我們在保羅身上亦看到這點，他蒙上帝呼召，在很多地方為了眾聖徒而成為福音的僕人。[2]

這個羣體，上帝現在稱為教會的這羣百姓，是新約其中一個焦點。福音講述最初的門徒在羣體形塑的踐行中接受訓練。登山寶訓是這種羣體形塑一個著名和清楚的例子。它的對象不是獨立個體，要這人單獨勇敢地跟隨基督的道路。登山寶訓的目的，也不是顯示我們每個獨位個體怎樣不能達到標準，因而需要上帝的赦免。登山寶訓是描述並呼召過羣體生活，因著上帝的恩典，藉著聖靈在耶穌基督裏為人所知而成為可能，並呼召我們過這種生活。在約翰福音，我們讀到這種羣體形塑的訓練的高潮。耶穌告訴最初的門徒：「你們若有彼此相愛的心，眾人因此就認出你們是我的門徒了。」（約十三35）對保羅來說，上帝工作的 *telos*，上帝透過基督的工作的最終目的，是新的創造，上帝為這新的創造形塑一個新羣體，是與上帝以及彼此和好的（以弗所書）。[3]

國度

教會不是獨立個體得救的附帶東西，它也不單是獨立個體得救的工具。教會是上帝救贖受造物這最終意圖所固有的。這最終意圖（*telos*）的意義是那麼豐富，以致不能用一個詞語來捕捉。不過，雖然有這個警告，我們仍然可以在不同的背景中，以一個適合特定處境的詞彙來代表那種豐富。在這個處境中，福音的 *telos* 可以很好地以上帝的國度這個比喻來代表。這個比喻很適合，因為我們處於新的創造中的新羣體這個背景中。這兩方面可以用國度這個比喻連接起來——如果我們將國度理解為不單是人類的羣體：國度是人類的羣體，但在由基督的工作所救贖的新的創造這個背景下，永遠活著。

教會往往用其他詞語和比喻來確認其見證。我們可以說「見證基督」或「為福音作見證」。但**上帝的國度**這個詞深深植根於耶穌自己的見證，以及初期教會在基督受死和復活後的生命中。路加在關於復活的基督的記述中告訴我們，「〔基督〕受害之後，用許多的憑據將自己活活地顯給使徒看，四十天之久向他們顯現，講說上帝國的事。」（徒一3）雖然我們在保羅的書信中不是讀到很多關於上帝國的事情，路加清楚表明上帝國在保羅的見證中是十分重要的。路加總結保羅在以弗所的工作時，描述保羅「辯論上帝國的事，勸化眾人」（徒十九8）。當使徒行傳以保羅在羅馬作全書的結束時，路加宣告說：「保羅在自己所租的房子裏住了足足兩年。凡來見他的人，他全都接待，放膽傳講上帝國的道，將主耶穌基督的事教導人，並沒有人禁止。」（徒二十八30～31）

教會是那國度的見證和僕人。在考慮上帝的百姓的踐行怎樣宣告那國度前，我們必須首先清楚教會和那國度之間的關係。教會有分於國度和預示著國度，但國度比教會更大，而且仍然未全面存在於教會或世界中。國度比教會更大，因為國度是所有受造物的救贖。上帝在基督裏的工作不單是為了救贖人類，而是為了救贖所有受造物。國度比教會更大，也因為國度已經存在，但仍然未全面存在。[4] 因此，即使在教會見證國度時，它也夠不上國度的完滿。

當教會看不見自己與國度的距離時，便會出亂子。有時教會看不見這距離，只是因為疏忽，有時則是更主動地否認自己與國度的距離。教會失去這個區別時，其中一個傾向是否認自己的失敗、自己的罪。教會認為自己需要**成為**國度，而不是見證國度時，這情況便會發生。在這時，教會開始證成自己，否認自己的錯誤。

教會的另一個傾向，是宣稱真正的教會是無形而不是有形的。也就是說，當有形的教會明顯夠不上國度的標準時，我們便回到「真教會」是無形的這個宣稱。如果我們只看到這無形的教會，我們便會看到一個無瑕的教會。

但這兩種傾向最終都令教會陷入一種境況，令它自己的生活不再見證上帝的國度。我們不應該在以下兩者之間作出選擇：藉著否認自己的罪而宣稱本身是國度的有形教會；以及忠於國度，但卻不可見，因而也不能見證國度的無形教會。我們還有另一個選擇，是忠於聖經的：藉著以自己的踐行，配合國度從而見證國度的有形教會。這些踐行包括反映國度的公義的忠心，但也包括反映國度的恩典，以及教會和國度將來的完滿之間的距離的認罪。

因此，我們進一步探討教會作為國度的見證的踐行時，我們必須維持三個微妙但重要的信念：（1）教會在模塑教會的生活的踐行中宣告那國度；（2）教會有分於國度的（未完滿的）臨在；（3）教會不是國度的完滿。

見證的踐行

在近年的教會歷史中，一個長期的爭論是關乎投向教會見證的兩個方面的相對精力，那兩方面是佈道和社會行動。在這辯論中，佈道被理解為「屬靈的」（spiritual）活動——介紹福音的工作，讓人們可以被說服，信奉耶穌基督。社會行動則被理解為「物質上的」（material）工作，令社會變得更好，透過例如給飢餓的人食物，解放受壓迫的人和教育無知的人等工作，帶來人類的興旺（human flourishing）。

這個辯論進行了很多次——在很多情況下往往變得可以預測又令人厭煩。我在這裏的意圖不是再次提出這辯論，而是將踐行這個觀念帶到在辯論中所提出的課題中。這樣做時，我想闡明為甚麼這辯論那麼棘手，並提出一個思考這些課題的方法，是能夠為教會需要怎樣實行它的使命帶來新的理解。

要實現這個目標，我必須簡短地檢視辯論展開的方法。該辯論那麼困難的其中一個原因是雙方的立場，他們都可以宣稱自己的論據有聖經支持。即使在最好的情況下，各方的支持者都認同這聖經基礎，而那爭論則是關於在某個特定社會環境中不同活動的相對重要性。例如：在教會建立得很好而有悠久歷史的社會中，藉著社會行動，比藉著佈道可能（有些人會這樣論證）更好地為基督的事業服務。這樣，爭論便集中在策略和處境上。在其他時候，爭論則是關於基督教信仰和教會使命的性質。

在所有這些不同環境中，可以指出一些基本立場：

- **只是佈道**。宣揚這種立場的人，可能不會否認減低別人的痛苦，改善他們的物質環境的重要性，但他們認為這些任務可以由很多不同團體完成。只有教會擁有透過信仰耶穌基督得永恒救恩這個信息。因此，如果教會將它的任何天賦和精力投向傳遞那信息以外的事情，就是偏離教會能夠做的惟一事情。
- **只從事社會行動**。宣揚這種立場的人的典型論點是：我們應該將別人的命運（destiny）交在上帝手中。這往往連繫到一個隱含或明確的信念，認為透過上帝的全能和憐憫，每個人都會得救。因此，教會的任務是減輕苦難和為了今天的公義而努力。這樣，我們便為那完美的國度作見證，我們所有人最終都會在其中生活。
- **佈道帶來社會行動**。宣揚這種立場的人認為，減輕別人的痛苦和致力爭取公義的第一步是改變人們的心。人們的心改變後，便會更有憐憫之心，更關心別人，因而便會參與社會行動。
- **社會行動帶來佈道**。宣揚這種取向的人，可以用「沒有人可以餓著肚子聽福音」這個熟悉的宣稱為代表。「餓著肚子」這句話，幾乎可以代之以用任何壓迫或不公義的社會環境。這裏的關鍵是，個人的基本需要必須先得到滿足，個人才能夠想到其他需要——例如永恆的生命。或者，其論證可以是社會行動為教會贏得受到聆聽的權利。
- **佈道和社會行動合作**。宣揚這種立場的人爭取在這兩種活動之間保持整體的平衡。任何「社會行動」都必須有「佈道」

元素，反過來也一樣。實行這種取向的人，並不盲從某些公式，但卻尋求在實現這兩個目標時要有智慧。

這五種取向大致代表近年在這場辯論中聽到的不同聲音。我們解釋不同環境時，這些不同聲音幫助我們看到在這些環境中忠於福音的挑戰。它們幫助我們在解釋不同環境時，看到在這些不同環境忠於福音的挑戰。但最終，它們全都誤解了教會見證上帝國的使命，因為它們帶領我們進入「令人得救」，以及其相對於「改善人們的生活」的這種爭論中。即使我們聰明得能夠回答說：兩者都是教會使命的一部分，我們都犯了錯，因為我們接受了錯誤的前提。

要糾正這個錯誤，我們必須根據耶穌自己的事奉來思想教會的使命。祂只是差派我們繼續祂已開展的工作。當然祂的生、死、復活和我們對此的見證之間有不能彌合的鴻溝，但我們要藉著聖靈的能力繼續耶穌的工作。耶穌呼召我們從事的工作，是見證上帝國，並藉著我們的言語和行為，呼召人們過那國度的生活（在基督裏的生命）。

這個洞見——言語和行為作為國度的見證——令我們可能糾正關於佈道和社會行動之間的辯論所犯的錯誤。我們傾向以為佈道是言語，而社會行動是行為。但我們需要做的是，要明白我們的言語和行為，都可以呼召人們透過信仰耶穌基督擁有國度中的生命。我們的行動和我們的言語都見證那國度。耶穌的話和祂的行為都宣告上帝的國度；我們的話和行為也應該這樣。

我們也傾向將佈道思想為與「屬靈生命」有關連，而社會行動則與「物質（或肉體）生活」有關連。如果我們接受這種區分作為辯論的條件，它會誤解國度和信仰基督的本質。上帝的國度並不承認任何屬靈和肉體的分割。我們可以將它們區分，但卻不能將它們分割。在見證的踐行中，教會必須擁抱國度的完滿。我們關心別人身體的需要時，就好像我們向他們談及「改變內心」一樣，是在見證國度。在耶穌自己的事奉中，醫治一個人的身體和赦罪之間的關連，有力地反映這點。

最後和最重要的是，根據「佈道相對於社會行動」來理解這辯論，令我們的視線偏離教會的使命的正確 *telos*。我們必須定睛在基督在我們世界的工作——國度已經來到，但仍未全面在這個世界存在。無論我們怎樣把佈道和社會行動之間的平衡實行出來，兩者都將我們的注意力引向錯誤的方向。如果我們專注於佈道，我們便傾向以教會增長作為忠心的標記。如果我們專注於社會行動，我們便傾向以政治改變作為我們忠心的標記。可以肯定的是，教會增長和政治改變都可以是好事。但它們都不是證明我們忠心和國度的存在的不容置疑的標記。就好像興旺一樣，可能是個人公義的標記，也可能不是；增長和改變可能是國度的標記，也可能不是。我們必定不能將可能的標記誤解為為國度的真正存在。而關於佈道和社會行動之間的辯論正傾向這樣做——以終極之前的事迷惑我們，令我們以為它們是終極的事。

以言語和行為見證

明白教會的使命是以言語和行為見證國度，能夠糾正關於佈道和社會行動這誤置了的辯論。常常浪費在這兩者之間的拔河的精力和委身，可以被見證國度這個 *telos* 正確地指導和釋放。

同時，「以言語和行為見證國度」，在這踐行中指示我們必須走向羣體。說羣體是見證的踐行所必須的，並不是陳腐的宣稱，就像當耶穌的追隨者探訪被囚的人時，必須以小組形式這樣做。它也不是宣稱當有人發出呼召，要他人信仰基督和國度中的生命，這人必須總是與其他信徒在一起。主張見證國度的踐行必須有羣體是一種呼召，要使我們明白國度的踐行與這個世代和死亡的國度的生命是那麼格格不入，以致只有羣體才能夠支持忠心的見證。耶穌在登山寶訓中呼召我們過的生活，不是屬靈生活的孤獨英雄的生活；耶穌呼召我們去得的是羣體的生活：「**你們**要先求上帝的國……**你們**就是這些事的見證……**你們**要去……」

因此，門徒羣體中的一個人去探望被囚的人時，是以羣體的禱告支持來進行。同一個羣體和這一人有分於處理公義、饒恕及和好等問題——關乎這些議題的事工，是在上帝的國度的背景中興起的事工。上帝的國度教導我們飢渴慕義。同樣，一獨立個體呼召另一個人信仰基督時，他是知道有整個門徒羣體存在的，而在其中可以培養和引導新生命。如果我們好好明白見證國度的踐行，即使孤立和分離都不能打破這種見證的羣體踐行。如果耶穌基督的追隨者為了自己的信仰而被囚，另一個則因為患病而住院，他們都沒有脫離羣體。當羣體在禱告中記念他們時，這些被孤立和分離的人，透過禱告的踐行重新成為羣體的成員，這踐行是其中一個標記，證明國度不受空間和時間限制。

我們在過分個人主義和物質化的文化中，往往在這國度的真理上失腳。我們根據獨立個體來思考事奉，我們也嚴格地以物質來思考甚麼是同在（presence）。但如果我們順從聖經的世界，我們必須開始明白空間和時間並不能令基督徒羣體分裂。基督徒羣體是因為有罪的疏離和疏忽而分裂的。這分裂可以由聖靈的和好工作醫治。跨越空間和時間，我們可以透過聖靈的能力，藉著禱告和彼此肩負重擔而與彼此同在。我們每天和每星期為了那些患病的和「不能外出」的人禱告，應該透過簡短的開場白，使其更明顯地連繫到「使人重新成為成員」（re-membering）的踐行。正如很多教會那樣，將聖餐帶給患病的人，是一個機會，讓我們糾正我們的個人主義和恢復這見證的羣體的特點。近期對「被迫害的教會」的重新注意，在我們尋求與別人一起背負重擔時，跨越了空間和時間。

我們在基督徒羣體以外的其他踐行，也需要更留意這點。我們派人到羣體，在免費食堂作義工，為無家可歸的人倡議，服事有需要的人，宣告耶穌基督的好消息，邀請別人相信時，有沒有視這些活動為羣體的踐行，在要求著一隊一隊或一組一組的門徒進行？還是我們只是宣佈某些需要和事奉的機會，讓個人自己尋找方法實行？我們有沒有看到，見證國度，無論怎樣表達，都是國度的踐行，是需要羣體的？

這個以言語和行為見證羣體的呼召，可能不會為教會的使命帶來任何新的踐行。但它會給教會的所有踐行帶來方向和意義。那方向和意義不應該總是明顯和刻意的，但在某個層面，門徒羣體應該包括一些人，是對教會的不同踐行應怎樣見證國度而進行思考的。[5]

「言語和行為」（word and deed）的呼召提醒我們，我們見證的國度不單是一套觀念或一張建議的清單；國度是受造物得到救贖。我們蒙召和蒙差遣是由子確立的，並由聖靈加力而為這實在（reality）而努力的。見證國度的言語本身是行動，將我們的視線引向國度的同在；行為是可見的言語，有分於國度的實在，這國度為了世界的救贖而存在。

註釋：

1. 我現在不能肯定，但我可能從 Elizabeth O'Connor, *Journey Inward, Journey Outward* (New York: Harper and Row, 1968) 學到這個比喻。

2. 紐畢真（Lesslie Newbigin）在發展聖經揀選的觀念的其中一個意義時，清楚表明這點。參 Lesslie Newbigin, *The Open Secret: Sketches for a Missionary Theology*, rev. ed. (Grand Rapids: Eerdmans, 1995)。而 George R. Hunsberger, *Bearing the Witness of the Spirit: Lesslie Newbigin's Theology of Cultural Plurality* (Grand Rapids: Eerdmans, 1998), chap. 2 描述揀選對紐畢真的意義。
3. 「十字架、羣體、新創造」總結了 Richard Hays, *The Moral Vision of the New Testament* (San Francisco: HarperSanFrancisco, 1999) 此書的主題。
4. 參考我如何發展這個主題，見 Jonathan R. Wilson, *God So Loved the World: A Christology for Disciples* (Grand Rapids: Baker, 2001), chap. 7。
5. 這種思考的其中一個最佳例子，是 James Wm. McLendon Jr., with Nancey Murphy, *Witness*, vol. 3 of *Systematic Theology* (Nashville: Abingdon, 2000)。

7
作門徒
作為人類的興旺

耶穌差派教會去使人作門徒。作門徒（discipleship）是教會委身於其中的其中一個典型活動。但有時教會傾向將使人作門徒，與佈道和使人歸信的活動分開。在這些時候，教會的表現就好像教會的真正使命是使人進行一次過的事情，令他們「接受」信仰，除去罪疚，保證他們永恆的救恩。我在前面的句子所使用的語言都不一定是錯的，能夠傳遞一些關於耶穌基督的好消息的是語言；但如果這句話脱離給它正確意義和方向的 *telos*，它的一切——歸信基督、除去罪疚和永恆救恩——都是錯誤的，而且大錯特錯。

給歸信、信仰、永生、重生和其他基督徒熟悉的語言予意義的 *telos*，是由耶穌基督所宣告、實行和體現的上帝國。我們看不見以下這些言語——歸信、信心、赦免、永生和其他為福音的宣稱——的正確 *telos* 時，那聖經的語言便錯誤傳達（miscommunication）上帝國度和信仰基督的呼召。那錯誤的傳達在教會的生活和教會對世界的見證中發生。我們的衝動是在看見錯誤的傳達出現時，放棄歸信、信仰等等的語言。但跟隨這衝動是錯誤的，因為在刪除這詞彙時，我們失去它所指涉的真理。我們需要的不是刪去這語言，而是藉著將它重新引向上帝的國度而糾正它。

在這一章，我會探討錯誤的傳達怎樣形成，以及我們可以怎樣藉著重新發現作門徒的踐行而糾正這些錯誤的理解。我們會從講述我們現在的文化處境開始，並找出一些妨礙我們恢復國度的 *telos* 和作門徒的障礙。這些障礙隱晦地扭曲教會的內在生活和見證。因此，我們必須明白這些障礙，藉以恢復作門徒的正確語言和踐行，讓這些語言和踐行糾正我們的誤解和對福音的錯誤傳達。

文化處境

我們現在的文化處境的記號，是人類的 *telos* 的缺席，以及積極地否定人類生命有任何 *telos*。在我們的文化中，否定 *telos* 有十分隱晦的特點。這種否定並不等同否定目的或意義。在我們的文化中，我們可能主張我們可以找到目的和意義，但我們認為這個目的和意義是藉著人的努力而找到的。或者更常見的是，目的和意義由人創造。或者最終，目的和意義由獨立個體選擇，他們有自由從很多可能性中作選擇。這些都不是我所指的 *telos*。*telos* 有目的和意義，是因為我們身為人的本質而**給予**（given）我們的。但福音更超越這點，宣告我們只有憑著透過耶穌基督而有的知識恩賜才可以認識我們的 *telos*。因此它是福音：好消息。它是消息，因為它告訴我們一些我們本來不知道的事；它是好的，因為它告訴我們，我們受造是要成為怎樣的人，以及怎樣成為那樣的人。因此，對教會來說，*telos* 不是我們找到的東西，而是我們接受的東西；不是我們創造的東西，而是我們為之而受造的東西；不是我們從眾多可能性中選擇的東西，而是一個可能性——那是惟有當上帝使我們能夠有自由作出選擇才能選擇的一個可能性。

同樣，這種對 *telos* 的理解與我們現在的處境相違背。這個處境，根據有絕對的自由來決定自己的目的這想法來理解人類的自由，並進而將任何宣稱我們的 *telos* 是給予的，解釋為施加宰制和掩飾對別人行使權力。這種理解在稱為現代性（modernity）和後現代性（postmodernity）的文化處境中都持續下去。

在現代性中，福音的目的論（teleology），似乎否定了人類有自由可脫離別人的統治，即以他治（heteronomy，別人統治）代替了自主（autonomy，自己統治）。現代性的一個特點是它將自主放在神壇，視它為我們文化身分所必須的。自主表示人類有自由選擇自己的目的。因此，現代性很大程度上可以理解為人類透過人類的能力駕馭自然世界，藉以控制我們自己的命運。

我們運用科學和發展科技的方式反映這種追求。人類總有科學和科技，但在現代性中，這些科學和科技已經被改進，連繫到對生活一種非目的的取向，反映我們確信自己控制一切。在現代性中，我們將自己的控制最大化，藉以把我們決定自己命運的自由最大化。

正如我們在下面會更詳細看到的，現代性這樣建構的自由，將價值置於消費選擇上，增加獨立個體的選擇，並保持對獨立個體自己生活的控制。成為耶穌基督的門徒，根據上帝國而活的呼召，對現代的耳朵來說，不大像是「消息」，也並不「好」。結果，我們往往修改福音，壓抑或放棄作門徒的呼召，藉以令基督的信仰能夠吸引那些由現代性模塑其感覺的人。

現代性模塑很多當代生活的同時，它的失敗和幻象也被揭露。要描述明白現代性的影響開始減弱這種認知的其中一個方法，是談及後現代性的轉向。人們對**後現代性**的意義有很多辯論。我在這裏使用這個詞，只是用來指涉現代性瓦解所標誌著的文化轉移。這令後現代性很大程度上在這一點上是負面的：「非現代性」（not modernity）或「現代性之後」（after modernity）。為了給它一點背景，我用**後現代性**來指涉的是：對人類發現生活的意義，或者為生活創造意義的能力失去信心。後現代性是不情願地承認，人類沒有自由藉著科技控制大自然而選擇自己的命運。

在後現代性中，人類有能力但沒有意義。因此，我們人類所運用的能力並不為任何偉大的目的服務。在一些作品中，這「偉大的目的」（great purpose）被描述為宏大敍事（metanarrative）。由現代性模塑的人相信人類能夠建構我們自己的宏大敍事。由後現代性模塑的人，相信這種對人類能力的信心是錯誤的，而且只是建基於虛幻。當我們藉著控制自己的命運，除去人類創造意義和目的的能力時，我們所有的，只是無意義地運用權力和無目的地追求控制。因此，在後現代性中，權力和控制的惟一目的，只是保護我無意義和無目的的人生，雖然它可能很短促。

在後現代性的處境下，任何大一點的目的的宣稱，都是自欺的產物，或者在追求權力中試圖欺騙別人；無論那宣稱是植根於人類的成就，還是來自上帝的恩賜。如果現代性植根於啟蒙運動，作為人類對自我施加的束縛的出離（exdous），那麼，後現代性便是我們從人類有自由選擇自己的命運這種自欺的出離。我們有能力，但我們沒有命運。

因此，對後現代性來說，耶穌基督的好消息是雙重的荒謬：福音宣告我們活在有意義和有目的的宇宙中。門徒羣體使用**創造**這個詞來見證我們的確信：宇宙的 *telos* 是由令宇宙存在的那一位賜下的。國度的福音所教導的是：在創造中生活的方式是按照在耶穌基督裏啟示的國度的生命，並將所有個人的力量用來服事其他人。

文化的扭曲

教會忽略、不明白或否認它的文化處境時，便會在看不見文化的影響下，出現扭曲福音的危險。這個挑戰可以追溯到聖經，我們讀到耶穌自己對抗祂那個時代的宗教領袖的扭曲，以及保羅在自己的書信中處理很多爭論。教會正確地知道，因著根據耶穌基督的緣故，福音使宇宙和人生有意義。但這真理很容易被扭曲成「刪削福音」（trimming the gospel）的一些踐行，令福音配合世界對事物的感覺。

在現代性的處境下，教會屈從於刪削福音，並使其配合人類理性和自主這個試探之下。最著名的例子是康德的一本書：《單純理性限度內的宗教》（*Religion within the Bounds of Reason Alone*）。在這本書，康德調整和解釋聖經的記述，令它們配合他那個時代的信念。這樣，上帝的國度便不是「消息」，因為它只告訴人們他們已經知道的事情；那國度也不是「好」的，因為它在人類能力以外沒有加上任何盼望的對象。

康德的扭曲今天對我們是頗為明顯的，雖然很多人仍然跟隨那個將國度的福音刪削來配合處境的模式。更隱晦的是，某些即時鄙視康德的取向的教會那扭曲福音的方式。即使在那些尋求保存對福音的忠心見證的教會，佈道的踐行也可能被現代性的壓力所扭曲。

這種扭曲在現代性及現代性所強調的人的自主性、選擇自由和大量選擇這個處境中開始。為了回應這種對自由和選擇的渴求，教會有時似乎好像在靈性的消費喜好市場中爭取「市場佔有率」。基督徒對自己在國度的生命和對基督的知識，都根據消費選擇來思考。他們也用同樣方式提出國度的福音。

結果，佈道就好像選購宗教，和人們選購汽車的方式一樣。完全自由的人，面見好些他感興趣的宗教的代表，並考慮所有選擇。他衡量不同的好處和壞處，而其他顧客的經驗，是得到滿足還是得不到滿足。（你能夠想像一個互聯網網站，有追隨不同宗教的人的見證，給不同的宗教一到五顆星，並解釋他們的評分嗎？）最終，自主的消費者選擇耶穌。他簽一張合約，與耶穌握手，說好像「耶穌，恭喜你，你得到我的屬靈生意」這樣的話。

這個場景可能顯得怪誕，但我對基督徒生活和他們實際提出福音的方法的觀察，證實了好像這樣的事情在教會相當普遍。在這種踐行中，我們壓抑或者甚至拋棄聖經的呼召，即要求我們捨棄自己的生活，順從別人的管治，接受苦難作為在反抗國度的世界中根據國度生活的自然結果等。那些事情可以在稍後加上，作為選擇。委身就是了。

這一切都是對一個重要的真理一種隱晦的扭曲。在國度的生命和對耶穌基督的認識都是關乎一個人的永恆命運。但那命運是我們的 *telos*，我們是為它而受造，它是我們的目的，我們的意義，而且不單是我們的 *telos*，也是宇宙的 *telos*。因此，耶穌基督的好消息是：藉著進入那國度和對祂的認識，我們現在開始活在這命運中。要學習怎樣做，我們必須成為門徒。

在後現代性的處境下，教會的試探仍然在發展。並非一切都完全清晰，所以我們必須保持謹慎。在現時，最明顯的試探，是將福音只介紹為邀請別人加入一個了不起、充滿生氣、有支持和保護作用的羣體。我們面對這個試探，因為後現代性令我們離開自主的獨立個體，並強調羣體之間對權力的鬥爭。大部分有後現代性感覺的人都在尋求加入羣體。

在這個處境下，加入一個有力、相對融貫的羣體這個邀請，可以十分有吸引力。門徒羣體——緊密、互相支持、有紀律——有明顯的吸引力。而羣體的形塑，是忠於教會的意向，並忠於很多人的渴望，他們渴望重新發現作門徒的呼召。但提出羣體的呼召作為福音，是出賣了福音，即使當它是呼召人們成為耶穌基督的門徒羣體的時候。

那試探的關鍵，是將福音化約為**只是**邀請人們加入一個羣體。正如麥凱（Donald MacKay）描述科學的簡化論（reductionism），這種「就是這麼簡單」的想法是有力的，因為它訴諸一種真理觀。不過，「就是這麼簡單」是錯的，因為它為了真理的一小部分而拋棄更大的真理。它因化約真理而變成了謊言。

使人作門徒

教會的使命，是藉著成為門徒和使人作耶穌基督的門徒而見證國度。祂是國度的生命，國度的傳講者，國度的體現。我們藉著在聖靈的能力中跟隨祂而活在國度中。因此，作耶穌基督的門徒是我們見證國度的關鍵。我們跟隨祂時，學習在我們今天的世界觀看這國度和有分於它的工作。我們學習使人作門徒時，需要留意我們文化處境帶來的障礙。用神學術語來說，這文化處境是「世界」（the world）——所有仍未承認和順從基督的救贖工作的一切。

在前一部分，我指出我們在二十一世紀開始時面對的一些挑戰。現在我會根據那些挑戰，就使人作門徒建議一個建設性的論述。我的目的是希望引起對那些挑戰的意識，讓我們在我們的處境中使人作門徒時得到指引，但卻可以避免删削使人作門徒的踐行以配合環境。

在現代性中，使人作門徒的踐行必須被強調，在跟隨耶穌基督時，我們是在學習惟一本真和真實的人性地（authentically and truly human）生活的方式。這是人類自由和完滿的方式，不是因為它令我們有絕對自由決定我們想成為誰，而是因為它令我們有絕對自由成為我們受造成為的人。人類的命運是榮耀的，不是因為我們有很多力量和控制權決定我們的命運，而是因為我們為了榮耀而受造，而藉著上帝的恩典，那榮耀在基督裏是我們的。

我們呼召別人在現代性的處境中在基督裏成為門徒時，我們必定不能因為我們的地位，很大程度上由現代性解釋而犯上否定人類的榮耀這個錯誤。現代性的錯誤不是太重視人類，而是以為我們的命運由我們控制。我們成為耶穌基督的門徒時，我們必須承認那屬於我們的崇高呼召，這呼召藉著上帝在創造和救贖中給我們的恩賜而賜下。

因此，在現代性的處境下使人作門徒的踐行所涉及的，不是要放棄我們的自由，而是涉及在順從那位國度的教師─生命的主耶穌基督中發現我們的真自由。

在現代性的處境下，作門徒的呼召是呼召我們向耶穌基督、並在耶穌基督裏面學習我們的真正命運——但也學習在這個世界中（這是一個背叛自身在基督裏的命運的世界）人類的真正滿足是甚麼。那表示跟隨耶穌是一終生的過程，以對抗這世代執政掌權的。這種終生的操練是困難和痛苦的。在某些時間和某些地方，它甚至是致命的。真正作基督的門徒和在國度裏的生命，在現代性的處境和消費文化中是沒有意義的。當然，作門徒的呼召可以被刪削和扭曲，令它對這文化處境有意義。但那所謂的好消息是冒牌的福音，呼召人們偏離何謂作真正的門徒。

作真正的門徒，惟有按照在上帝國度的 *telos*、而不是按照現代性的非目的論（ateleology）中，才是有意義的。如果我們嘗試令它對現代性有意義，我們便會出賣耶穌基督的好消息。為甚麼作耶穌的門徒要教導我們以祂教導的獨特方式來生活？因為人類的生活就是要這樣——在由耶穌使用的形象中，即因為那是根據上帝的國度而活。為甚麼要跟隨耶穌？因為只有藉著忠心地跟隨祂，我們才藉上帝的恩典被帶到生命中。祂的生命、死亡和復活向我們開放那國度，聖靈帶領我們進入那國度，進入永恆的生命。

在**後現代性**的處境中，教會可能藉著扭曲它在現代性的處境中需要強調的事情而出賣福音。在挑戰現代性時，教會必須強調，作門徒只在門徒的羣體這個處境中發生。在挑戰後現代性時，教會必須維持這個關於門徒羣體的宣稱，但避免將作門徒化約為單單是這個宣稱。

在後現代性的處境中，教會可能受到誘惑，放棄如下這個宣稱：作門徒，將我們交給一個有意義的宇宙，要求我們的生活以一種獨特的方式接受模塑，而這種方式是由耶穌基督所教導的，而且作為恩賜讓我們可以取得的。當然，門徒羣體提供的正是這東西——可以在其中找到家、友誼、同伴和歷險的一個羣體。但這一切都指向它自己以外那宇宙的 *telos*，是在耶穌基督裏面的上帝的國度裏的。

因此，跟隨耶穌不單是一種過有趣的生活和歷險的方式。它不單是在有緊密支持的羣體中得到接納和成為成員的方式。跟隨耶穌是我們有分於那新的創造，這創造是藉耶穌基督的工作所應許和使之出現的。

在後現代性的處境中，我們可能受到試探，將使人成為門徒化約為進入特定的一個人類羣體，並與其他人類羣體競逐效忠。因此，我們努力令教會的生活，對那些由後現代性模塑的人來說，更具吸引力和更令人信服。這種熱誠包含真理：我們**應該**尋求令門徒的羣體盡可能有吸引力。但它的吸引力總應該由它對宇宙的 *telos*——上帝的國度——的委身來衡量。門徒羣體的吸引力必須由它對國度生命的認同和有分於上帝的國度來衡量。這樣，我們便可以（正直地）呼召後現代性的公民，進入門徒的羣體。

還有，在後現代性的處境中，我們必須找出權力的問題並加以處理。由於後現代性將人類的生活化約為「權力意志」（will to power），呼召人成為門徒的試探是將跟隨耶穌變成取得更大權力的手段。要記得，在現代性中，人類對權力的追求是連繫到一個信念：我們可以透過特定的科學觀和科技觀，控制人類的命運。後現代性主張這種對人類控制命運的能力的樂觀只是一種幻象。因此剩下的只是對權力和控制的追求，在我們短暫、沒有意義的生命中尋求保護和快樂以外，再沒有意義和目的。

因此，使人作耶穌的門徒，可以很容易變成對後現代性追求權力的答案。門徒羣體的吸引力，是這答案的一部分，但呼召人們取得技巧過耶穌基督的門徒的生活，也是這樣。正如我們一直都看到一樣，「成為耶穌基督的門徒，將會裝備我們使我們更有技巧地在世界上生活」，這個宣稱無疑是對的。作門徒是關乎學習怎樣生活；它是關乎有紀律的生活；它是關乎在羣體中生活，而這羣體是維持著一種生活方式的。

但在門徒的羣體中成為耶穌基督的門徒，不是關乎取得按我們的選擇而生活的那種能力。它是關乎學習怎樣有分於國度，那是整個宇宙的 *telos*。所以我們取得的能力，是根據那實在（reality）而活的能力——那實在於耶穌基督的生命、死亡和復活中至高地反映出來。過這種生活的能力來自聖靈，而祂的工作將是本書第十章的焦點。

教會紀律

這帶領我們到教會紀律的踐行（a practice of church discipline），並使其作為在門徒生活中對罪的辨識，以及門徒羣體作回應時所採取的行動。這個範疇要求於整個羣體中要有很大的牧養智慧。

這種牧養智慧不能在這裏以三言兩語來描述或教導；它只能夠透過很大的努力，參與這裏描述的所有教會踐行，最終藉著上帝的恩賜才能夠得到（箴二）。為了鼓勵教會紀律的踐行，我會提出論證，指出為甚麼教會很少踐行紀律，並就紀律的更新提供一些指引。

我們遠離紀律的踐行的其中一個原因，是我們容許它受我們的文化環境而不是上帝的國度所界定。在現代性的處境中，教會紀律是對獨立個體決定自己命運的自由的一種干擾。如果我們接受現代性的謊言，同意人類可以從自己能夠實現的多個選擇中選取自己的命運，那麼當我們限制別人的自由，或者糾正他們的選擇時，我們便是對抗他們身為人的興旺（flourishing as person）。

在後現代性的處境中，行使紀律似乎植根於宇宙是有意義和目的的這個幻象。如果我們接受後現代性的謊言，認為人類的生活是毫無意義地運用權力，我們便可能得出結論，認為我們不能解釋這種紀律的無意義性，除了「這就是我們所做的」——要屬於我們的羣體，你便必須依從，並可以得到它的權力和保護。這樣，教會的紀律只告訴我們，為了留在羣體的界限內，我們需要做甚麼。但這種踐行不是令人成為耶穌基督的門徒的教會紀律；它是錯誤的踐行，引導人們朝向成為教會會友可能得到的外在的美好，就好像參加交誼俱樂部一樣。當教會不再有那些外在的美好，或者在其他地方更容易找到那些外在的美好，或者可以找到更多那些外在的美好時，教會便不再有重要的文化力量。

這最後一個最終結果，正是北美洲很多羣體的情況。過去數十年，參與教會（或至少出席教會聚會）是學習怎樣在社會行事的方法——變得友善和有禮。在此以外，它提供經濟和政治關係的社會連繫。但當這些美好變得較不重要，或在其他地方——例如公民俱樂部或足球露天座位——更容易得到這種美好時，教會便失去社會地位，出席率也下跌。這些損失不一定是壞的；它們可能給予北美教會機會，恢復它在國度中的真正生活。

要接受那能幫助我們恢復在國度中真正的生命的紀律，我們必須顛覆我們對教會紀律——和作門徒——的思考方式。試考慮一下其他環境中紀律的踐行。籃球教練叫暫停，糾正自己球隊的防守陣勢，或者因為他們沒有進攻而嚴厲責備他們時，我們不會認為她在做壞事。相反，我們欣賞這人的洞察力和堅持，因為教練和這人的球隊共同委身於在籃球的踐行中實現卓越。同樣，合唱團指揮停止練習，糾正一個錯誤的音符或指出一個聲部需要特別留意時，我們欣賞他的敏銳和教導技巧，因為指揮和合唱團都委身於一個 *telos*。

這些紀律的例子是頗為狹窄和瑣碎的，但它們將我們指向恢復健康的教會紀律。在教會，我們委身於耶穌基督和上帝國度的好消息。它們向我們反映上帝救贖恩典的目的，這恩典帶來新的創造，令我們成為完全的人，並榮耀上帝。現在有分於這個目的是榮耀的特權——教會的紀律藉指認我們在甚麼時候沒有在國度中興旺，並指導我們回到興旺的路，以致能夠有這榮耀的特權。

相對於誤解教會的紀律，視紀律為自由的敵人或無意義地運用的權力，教會紀律真正的目的論式的踐行，則視紀律為只是使人作門徒——在上帝的國度中興旺門徒——的一部分。將那踐行想為「管教兄弟或姊妹」是有幫助的，但紀律的踐行確實比使人作門徒的普通踐行多走一步。[1] 我在這裏考慮的紀律，並不糾正門徒簡單、不成熟或發展不全的生活；這種紀律糾正任何對羣體的教導的故意拒絕，或者糾正故意放棄已經由聖靈的工作實現的成熟。

因此，我們必須將教會的紀律理解為一種踐行，這種踐行是門徒羣體藉以再次把自己的生命，以及一個或更多門徒的生命，與上帝的國度重新調合。根據這種理解，教會紀律本身見證上帝的國度——也就是我們的 *telos*——並有分於其中。只有在我們真正相信國度中的生命，知道耶穌基督構成生命惟一的道路時，這種踐行才是有意義的。那樣，教會紀律便成了憐憫而不是強制的行動。

如果我們根據以上帝的國度作為我們的 *telos* 來理解教會紀律，並視之為有分於那國度的生命的踐行；那麼，那紀律的踐行必須在每一方面均以國度的生命作為特點。或許，對此最簡潔的描述，是說教會紀律必須是運用聖靈的果子：仁愛、喜樂、和平、忍耐、恩慈、良善、信實、溫柔、節制（加五22）。這樣，教會紀律的踐行令耶穌基督的門徒在有分於國度的生命中成長，令他們見證國度的能力也增長。這正是人類怎樣興旺的方式。

註釋：

1. 參 Marlin Jeschke, *Discipling in the Church: Recovering a Ministry of the Gospel* (Scottdale, PA: Herald, 1988)。這本書是以信洗派（Anabaptist）的角度，對教會紀律作徹底和有洞見的處理，對這個傳統以外的，也會有幫助。原本的版本在一九七二年出版，書名是 *Discipling the Brother*。

第三部

形　塑

8
洗禮、聖餐禮和洗腳禮作為有分於基督

在前兩章，我就教會的踐行與佈道和社會行動之間的歷史的張力，和與現代性及後現代性之間的當代文化的張力，提供一個重新定向。在這一章和以下兩章，我會提供一些對教會踐行的論述，為我一直宣揚的取向提出一些具體的建議。我十分明白，我在前面幾章論述教會的踐行時，沒有好像有些人所希望的那樣具體。但這種神學工作，是為羣體的實際、具體的生活的踐行立下根基所必須的。除非我們承認和明白我們的文化和歷史中影響著我們的踐行的力量，否則我們會冒不慎和魯莽行事的危險，這可能會導致不忠心（unfaithfulness）。踐行的人往往不反思，神學家則不關心踐行。這本書的其中一個關注，是將踐行和反思之間的鴻溝縮窄。

在這一章，我論述教會的三種踐行，是耶穌自己呼召我們遵守的。我的意圖是在描述這些踐行時朝具體的方向走。我會描述的三種踐行是洗禮（baptism）、聖餐禮（Eucharist）和洗腳禮（footwashing）。頭兩種是教會常見和接受的踐行。第三種踐行需要作一些解釋，而我論述那踐行時便會這樣做。

這些踐行一起形成教會使命的核心。這使命是見證國度和以耶穌基督的教導使人作門徒。我們在近年遵守這些踐行時的其中一個困難，是我們失落了以它們作為踐行。我們很少在受強力社會網絡模塑的羣體中理解和踐行它們，並以此網絡體現我們對宇宙的 *telos* 的信念。我們沒有視它們為增強和擴展我們對上帝國度和作基督門徒的理解的途徑。而且我們的神學精力，是那麼集中在我們遵守這些踐行對我們的不同之處，以致我們只是在近期，才開始將注意力放在更有建設性地論述遵守這些踐行對我們身為門徒羣體的生活有甚麼意義。我在以下會建立關於洗禮、聖餐禮和洗腳禮的論述，並以此幫助形成一社會網絡，即能夠建立門徒羣體，見證國度，呼召世界認識基督和有分於祂的救贖工作的社會網絡。最終，是我們藉著這些踐行，在基督裏的有分於模塑教會，令它見證上帝的國度。

洗禮：與基督同死同復活

洗禮是教會的踐行，引進一種門徒的生活。在教會，新約對洗禮的關心被模糊了，因為對洗禮的討論往往被關於誰人受洗，甚麼時候洗禮，用多少水，以及遵守這禮儀與救恩有甚麼關係等問題所破壞。在新約，洗禮最緊密地與作門徒連繫起來。[1] 這對耶穌和保羅都是真的。在馬太福音的大使命中，洗禮和使人作門徒之間的連繫是清楚不過的：「耶穌進前來，對他們說：『天上地下所有的權柄都賜給我了。所以，你們要去，使萬民作我的門徒，奉父、子、聖靈的名給他們施洗。凡我所吩咐你們的，都教訓他們遵守，我就常與你們同在，直到世界的末了。』」（太二十八18～20）

保羅在給羅馬教會的信也談及洗禮：「我們在罪上死了的人豈可仍在罪中活著呢？豈不知我們這受洗歸入基督耶穌的人是受洗歸入他的死嗎？所以，我們藉著洗禮歸入死，和他一同埋葬，原是叫我們一舉一動有新生的樣式，像基督藉著父的榮耀從死裏復活一樣。」（羅六2～4）在這段經文，保羅將洗禮連繫到作門徒——有「新生」的樣式——就洗禮作為我們可藉此與基督同死同復活的踐行，這給我們一個了不起、簡潔的論述。

洗禮是教會的引進性的踐行（initiating practice），因為它標誌著在基督裏的新生活，而這新生活是門徒羣體的特點。這踐行在教會歷史中是區分甚至分裂的來源。但如果我們建立以洗禮作為踐行的一種理解，我們即使在分歧中，對洗禮的意義也可以形成共識。

作為踐行，洗禮只有根據上帝的國度作為宇宙的 *telos* 才有意義。洗禮無論有甚麼形式，它其中一個不可或缺的意義，都是在基督的死和復活中確立我們與基督的認同，以致祂的死和復活也可以稱為我們自己的死和復活。只有當我們的死，是向一個國度死；我們的復活，是向一個新的國度復活，這種描述才是合理的。我們向其死的國度，保羅稱為「罪」；我們向其復活的國度，保羅稱為「生命」。為甚麼有人容許自己「被置諸死地」？只是因為他確信他出生於其中的那個權勢（參羅五20）註定要滅亡，而應許給他復活的那個權勢，卻是「永生」（羅六23）。

羅馬書六章2至4節告訴我們一些關於洗禮的中介者（agent）的事。保羅清楚表明在洗禮中所確立的死和復活，是上帝的工作。我們不能殺死自己，讓自己認同基督；我們也不能使自己在基督裏復活接受新生活。那工作只有靠著上帝的能力才變得可能。但受差派施行洗禮的是教會。因此我們可以看到，在洗禮的踐行中的中介者是上帝，祂將權力賜給教會，讓門徒羣體在洗禮中成為上帝的中介者。這種對中介者的理解，教導我們一些使人作門徒的基本事情：那工作完全倚靠上帝在耶穌基督裏的行動，以及倚靠上帝的能力透過聖靈在世界持續臨在。但教會獲差派見證那工作和使人作門徒。

這種對教會在洗禮中作中介者的理解，可以幫助我們重新思考對洗禮其中一個棘手的分歧。如果我們明白洗禮的主要中介者是上帝，教會獲差派作為上帝的中介者，我們便需要更留意洗禮作為門徒羣體的行動——踐行。因此，更重要和更基本的是，就施行洗禮的羣體，而不是探問受洗的人的年齡和責任這等問題。我們問「洗禮的羣體」作為**門徒羣體**的自我理解時，只有少部分教會做得很好。為嬰孩施洗和為「信徒」施洗的羣體，在作為受洗的人的門徒羣體方面，都不是很有成果。[2]

問題不是受洗的人的年齡，也不是有意識的信仰的優先地位；問題倒是受洗的人是否進入一個將自己理解為門徒羣體，並負責訓練新門徒的羣體？當洗禮被設定成一種踐行，是與使人作門徒連繫起來的，而門徒在國度中生活並為國度作見證時，無論是嬰孩和非嬰孩的施洗者，都面對同樣的問題。我們有沒有門徒的踐行，將這個人引進其中？我們洗禮的踐行本身有沒有反映它作為使別人作門徒的引進性行動這個地位？

因此我們尋求將洗禮理解為一種引進我們作門徒的踐行，那是藉著教導我們上帝是在門徒羣體中施行作為的中介者。它教導我們作門徒不是實現人的努力，而是在基督裏的新生命的恩賜。它教導我們，那新生命只有在門徒羣體中才能夠找到，上帝將聖靈賜給這個羣體，也透過這個羣體賜下聖靈。因此，羣體的生活和門徒的生活都超越他們自己，指向上帝和指向我們與上帝一同有分於其中的國度。而這整個論述都只是揭示奉父、子、聖靈的名施洗的原因（太二十八19）。父是我們生命的泉源，子是我們生命的楷模，聖靈是我們在國度的生命的能力。

在教會，這種對洗禮踐行的理解必須變得具體。其中一個令洗禮的踐行配合這個論述的方法，是令洗禮成為教會生活的主要事件。有些羣體在彼此一起的生活的空間和時間中使洗禮作為主要事件，但太多羣體沒有這樣做。對今天很多教會來說，洗禮都不再在大部分羣體生活發生的地方進行。它往往被移到羣體生活在空間上的邊緣位置——一個暫時從另一間教會借來的浸禮池，別人後院的泳池，或好像海灘的公共空間。這樣做，最初似乎是值得讚賞地宣稱所有空間都屬於上帝。但當我們將洗禮理解為門徒羣體的生活的引進性事件時，我們便應該明白需要將這事件置於羣體在空間上的中心。因此，很多羣體需要更一同努力令洗禮的踐行在空間上處於中心位置。這並非表示每間教會都必須有崇拜的空間和浸禮池，但卻表示需要想出有創意的解決方法。

除了在教會於空間中成為中心外，洗禮也應該是教會時間的中心。在教會傳統中的某些部分，洗禮在禮儀年的高峯——特別是將臨期和復活節——舉行。但在今天很多北美洲的教會，洗禮不單遠離這些主要的時刻，甚至在羣體聚集的固定時間以外。在這些羣體，洗禮不是在教會定時聚集時舉行，而是在下午或黃昏「可供選擇是否參加」的時間舉行。在這種錯誤做法下，洗禮本身以及它應該引進的門徒身分，都變成可供選擇，也就不足為怪了。要洗禮作為教會的踐行得以持續和更新，它必須是羣體時間的中心。它應該整合到羣體的固定生活中，並置於羣體生活的高峯。

洗禮不單必須成為門徒羣體空間和時間的中心，也應該是它教導的中心。正如我已經簡短地論證說，洗禮的踐行體現福音作為叫人作門徒——在基督裏的新生命，那是因為上帝的工作而變得可能——的呼召。洗禮教導我們，靠著自己的力量，我們不能夠有這種新生命。它教導我們作門徒是一種生活的新方式，在宇宙的範圍上堅決地脫離我們的舊生命。它教導我們，我們只在門徒羣體中活出那生命。洗禮教導我們，在國度中的生命是向舊生命死，並向在耶穌基督裏的新生命活。這些信念，應該令我們刻意使洗禮成為教會的教導的中心。

在一些環境下，這會表示在實際洗禮前，以廣泛的門徒課程作為洗禮踐行的一部分。有些羣體透過更新教義問答恢復這樣做。在其他環境下，這表示在洗禮後有廣泛的門徒課程，作為洗禮必不可少的部分，而不是一個選擇。在繼續以嬰孩洗禮作為引進門徒羣體的羣體，必須提供課程，讓每次洗禮不單帶來信仰的肯定，也帶來作門徒中的成長和持續。在所有環境下，在空間和時間是中心的洗禮也可以成為一個時刻，讓門徒羣體中的所有人都記得自己的洗禮，並教導洗禮作為羣體的踐行的意義，而這個羣體見證宇宙的 *telos*。

這最後要強調的，是可以進一步以羣體在洗禮中涉及的社會網絡來理解和示範的。雖然教父母（godparents）的重要性，在大部分承認教父母的羣體中都受到嚴重損害，但洗禮作為踐行的意義，仍可以得到更新，那是透過洗禮這引進性行動開始之後對作門徒來說不可或缺的社會關係而得到更新。這在不同羣體會有不同的形式。在某些羣體，可以恢復教父母身為訓練門徒的人的重要性。在其他羣體，一個小組、小班和其他委身於使人作門徒這責任的人，可以在洗禮前的準備或洗禮後的跟進中參與。羣體的重要性能更形清晰——在洗禮時，其他人公開地反思其所受的洗禮，以及對洗禮於其門徒生命中的意義的理解繼續增長。但這參與必定不能是隨意或不經解釋的，彷彿只需要去幹，那便已經足夠。這種踐行和它的意義都必須加以解釋。牧者身為語言教師，在使洗禮的踐行成為教會教導的中心這方面，他變得十分重要。

主餐：與耶穌一起吃喝

較早時我稱這禮儀為「聖餐禮」。我在這裏稱它為「主餐」（Lord's Supper）。其他人會稱它為聖餐（Communion）。這個差別表明論述這種踐行的第一個困難——教會對它的理解的分歧。在洗禮中，教會至少有共同的詞彙，即使教會發展出理解上的分歧。但對「耶穌給我們的一頓飯」[3]，我們卻不能這樣說。在這裏，分歧藏於詞彙。我探討這禮儀作為踐行時，希望找出一些方法，是我們可以在分歧中看到一些共通點的。

如果我們可以將洗禮作為教會的引進性踐行，主餐則可以稱為教會的支持性踐行（sustaining practice）。這個詞很容易被誤解為，在關於主餐的意義的爭論中宣揚某個特定的歷史立場。但當我稱它為教會的支持性踐行時，我的意思是以它作為一個關於那踐行的宣稱——無論個人持甚麼歷史立場。宣稱主餐是教會的支持性踐行，就是說它是羣體的持續性踐行（ongoing practice），令我們能夠有分於（透過記憶、真實臨在、同質或變質）上帝持續為上帝的百姓提供的新生活。

主餐藉著記念基督作為教導和體現國度的那一位，將我們包含進國度的生活中。如果我們不知道國度的生活是怎樣的，便不能夠有分於這生活。在主餐中記念耶穌的生活、死亡和復活的整體方式，教導著我們那個 *telos*。在這對晚餐的歡慶中，我們應該記得耶穌自己與那些處於邊緣和中心的人在餐桌旁的團契；我們應該記得祂在會出賣祂的那個人和很多會離棄祂的人相伴下歡慶這晚餐。

聖餐禮也把我們呼召進一種認知——我們是在上帝以基督的工作為基礎而發出的邀請下，圍在桌旁的——以教導我們那國度。我們再次學到，我們朝著宇宙的 *telos* 而活，不是靠著我們自己的能力和我們所控制的工作，而是靠著上帝的恩賜。我們歡慶這晚餐，作為國度和它在我們世界中的工作的見證。因此，我們踐行主餐時，我們在國度的生命中成長。

某些現在（present）的國度生命，在聖餐禮的踐行中很好地得到呈現。大部分羣體都清楚見證基督的工作，作為歡慶的基礎和核心。聖餐禮的踐行在它參與和建立構成教會的社會網絡時，可以增強。

為了令聖餐成為增強教會的社會組織（social fabric）的踐行，我們需要恢復它作為羣體聚餐的實在感覺，同時不致失去基督的工作作為它的基礎的中心性。我們和別人一起進食時，是有分於一種支持我們所有人的生活的活動。沒有這種持續的供應，我們沒有人可以生存。我們在聖餐中學習同一件事。我們在倚靠上帝中是一起的。如果我們要在聚集中真誠（to be truthful），我們也必須彼此和好。這需要彼此認罪和饒恕的操練。想像一下，如果我們挑戰參與的人藉著以彼此和好作為聖餐的踐行的一部分，從而成為耶穌基督成熟的門徒，會有甚麼事情發生？這個建議令我們很多人害怕，它似乎是荒謬、不能達到的目標，這反映了我們缺乏成熟，不理解在我們教會中作門徒的方式是怎樣的。

但如果我們相信這種踐行是我們的 *telos* 和對國度的見證的一種體現，那麼我們可以計劃甚麼步驟，令門徒羣體實行它包括的踐行和犧牲？我們歡慶耶穌基督令我們的新生命變為可能時，而不願意進行任何可能要求我們犧牲的踐行，不是令人驚訝嗎？只有在基督裏的上帝國度實際上是宇宙的 *telos* 時，這種犧牲的踐行才有意思。但由於那國度是在耶穌基督裏來到，我們應該喜樂地擁抱那國度的踐行，這國度的踐行是我們在聖餐中被教導的。

除了和好的踐行外，聖餐也教導我們上帝的接待（hospitality）的本質。[4] 這接待需要以重要和刻意的方式，以連繫到主餐來踐行。這樣做的其中一個方法是，偶然在聖餐前或後，一起進餐。這頓飯可以在一個環境中集體進食，或者可以在一起歡慶聖餐禮前或後在很多家庭中舉行。另一個方法是，定期在聖餐後在羣體的廚房或無家可歸者的庇護所，為別人預備一頓飯。我們可以偶然帶禮物到食物銀行（food bank），作為聖餐的一部分，從而社羣性地把上帝在主餐桌餵養我們的方式踐行出來。在很多教會，歡慶聖餐的一個固定部分是為教會的慈惠基金奉獻。雖然我到過很多這樣做的教會，但仍未聽到有教會將奉獻和主餐明確地連繫起來。我們對遵守這種做法作為踐行沒有進行小心的思考，失卻了重要的教導時刻。

在基督徒羣體內，我們可以藉著修改我們提供和預備聖餐的方法，恢復或建立一些支持性踐行的社會網絡。在我們的文化中，提供和預備聖餐往往是非人化（impersonal）的商業交易：有人到本地的雜貨店購買所需要的貨品。如果會眾偶然在預備時採用更濃厚、更社羣性的踐行，又會怎樣呢？例如：想像一下委派青少年小組、查經班或小組負責預備，他們會計劃怎樣提供那頓「飯」。或許他們會在星期六聚集在教會的廚房學習烘麵包。他們造的麵包可以比聖餐禮所需的多很多，然後帶給有需要的人，告訴他們那些麵包從哪裏來，為甚麼供應給他們。或者類似的節目可以加入兒童的主日學課程，在有良好計劃、密切監督下烘無酵餅後，有兩個星期教導和實行出埃及的故事，將無酵餅帶到聖所以供聖餐禮之用。對酒的提供，也可能想像同樣的可能性——這對某些傳統來說明顯是複雜的！

我們確實將主餐思想為踐行時，可以看到很多不同方法，將它變成更清楚學習有分於上帝的國度作為宇宙的 *telos* 是甚麼意思的方法。我們學習到我們在那國度中的新生命，有賴上帝給我們的供應。我們記得那國度的生命，始於耶穌在這叛逆的世界體現那國度時所要求作出的犧牲。我們看到，在我們認罪、饒恕及和好中活出聖靈有力的同在時，那國度的生命便不能被死亡征服。我們接待別人，服事別人時，便是見證那國度。

洗腳禮：與耶穌一起躬身事奉

雖然洗腳禮是備受忽略的禮儀，但它應該是門徒羣體的一種主要的踐行。我剛巧在視洗腳禮為與洗禮和聖餐組成教會的三個宗教儀式的傳統中成長。[5] 我不會在這裏論證將它歸入宗教儀式或聖禮中，但我會提議將它承認和建立為教會的其中一項踐行。我提出這個建議時得到鼓勵，教會很多年青人都深受洗腳禮這經驗感動，但對它的踐行卻缺乏神學框架。其他支持更廣泛地踐行洗腳禮的神學家的一些不經意的話，也給我鼓勵。

有些教會在濯足節（Maundy Thursday）聚會（受苦節前一晚）實行洗腳禮的儀式。其他教會可能將它包括在設立教會領袖或更廣闊的門徒羣體的聚會中。這些都是好的，但如果我們想到教會的儀式是有分於國度的生命，模塑我們成為門徒，以及向世界作見證，那麼洗腳禮作為門徒羣體一種定期的踐行，便變得有意義了。

約翰福音是惟一記述耶穌替門徒洗腳的地方：

> 逾越節以前，耶穌知道自己離世歸父的時候到了。他既然愛世間屬自己的人，就愛他們到底。
> 吃晚飯的時候，魔鬼已將賣耶穌的意思放在西門的兒子加略人猶大心裏。耶穌知道父已將萬有交在他手裏，且知道自己是從上帝出來的，又要歸到上帝那裏去，就離

> 席站起來，脫了衣服，拿一條手巾束腰，隨後把水倒在盆裏，就洗門徒的腳，並用自己所束的手巾擦乾……耶穌洗完了他們的腳，就穿上衣服，又坐下，對他們說：「我向你們所做的，你們明白嗎？你們稱呼我夫子，稱呼我主，你們說的不錯，我本來是。我是你們的主，你們的夫子，尚且洗你們的腳，你們也當彼此洗腳。我給你們作了榜樣，叫你們照著我向你們所做的去做。我實實在在地告訴你們，僕人不能大於主人，差人也不能大於差他的人。你們既知道這事，若是去行就有福了。」（約十三1～5、12～17）

有些人認為我們放棄洗腳禮是正確的，因為它是耶穌時代更廣闊的文化踐行，那是我們不再實行的。不過，這段經文和洗腳禮的儀式，對使人作門徒和活在國度中是那麼豐富，我們應該迫切尋求更新它的踐行。

在約翰福音的那段經文中，耶穌的行動明確地連繫到祂自己對宇宙的 *telos* 和祂在其中的位置的理解。祂替門徒洗腳只有作為國度中的生命才有意義。留意祂沒有否認自己的身分：祂是老師和主。但在國度中，老師和主，卻意味著成為僕人。這教導我們——身為門徒——在基督裏的新生命中由聖靈賜下力量，我們確實有地位和榮耀的命運；同時，在上帝的國度中，我們的地位和我們的命運是服事別人的基礎。而這服事的方向必須來自國度的生命，不是世界的生命。我們在世界和別人的生活中存在，不是要令他們世俗的夢想得以成真。我們在這裏是要為國度作見證。

因此洗腳禮的踐行令我們躬身（stooping），不是因為我們軟弱，而是因為上帝令我們堅強，而給我們的力量是讓我們得到服事的機會。如果洗禮是門徒羣體的引進性踐行，聖餐是我們的支持性踐行，洗腳禮則是我們的引導性踐行（guiding practice）。它教導我們，要把我們透過聖靈、在基督裏、由上帝賜予的一切帶來服事世界，作為為國度作見證的行動。

根據這個理解，門徒羣體的第一步是找出怎樣合適地將洗腳禮的踐行引進羣體的生活中。在我成長的教會，男人和女人在不同的房間聚集，彼此洗腳。在我教了多年書的威斯蒙學院（Westmont College），學生會內閣每年贊助一次圍繞洗腳禮的聖堂崇拜。那堂崇拜在學院的體育館舉行，那是十分有生氣的公共環境，很多不同的人踐行洗腳禮，包括學生、教員和職員。在不同羣體中，都有不同的合適做法。

一旦同意了基本的環境，羣體便必須找出方法讓那儀式變成踐行。需要多少教導？誰會負責教導？在甚麼環境中教導？應該在實行儀式前幾個星期開始教導嗎？這個過程中，教會有甚麼指導和引導性架構是必定要參與其中的？這儀式怎樣放在羣體的社會網絡中，令羣體得以增強，門徒得以成長，國度更全面地得到展示和明白？最重要的問題正是如此相關的。有些可以透過介紹這踐行以及在這踐行之後的教導而實現。但它需要藉著在洗腳禮後加入的額外踐行加以擴展，帶領羣體更深入國度的生命。有沒有額外的服事方式，可以將洗腳禮的踐行帶進門徒羣體，並超越這個羣體？如果在洗腳禮的儀式後，花一個下午服事別人，並鼓勵教會的每個成員都參與，那又怎樣呢？如果實行那儀式——因為耶穌基督脱去自己的外衣服事門徒——是出於喜樂，那又怎樣呢？如果我們問自己，我們計劃的聚會有沒有要求我們脱去自己的漂亮衣服，謙卑下來，弄污自己，那又會怎樣呢？那樣我們便在跟隨耶穌基督、我們的老師和主時，開始學習國度的生命。

結論

我在這一章的目的不是就教會這些儀式提供高度濃縮但全面的論述，而是收窄地集中在以它們作為**踐行**。即使這樣，我的論述並沒有嘗試就洗禮、聖餐禮和洗腳禮作為踐行，說出可以說的一切。但我提出一些將它們視為踐行的思考方向。這些踐行令我們能夠作為基督的身體有分於基督。它們預示國度的完滿，那時我們每一方面都是新造的，我們完全與彼此及上帝和好，我們所是的一切都成為對彼此的愛的服事。藉著透過這些踐行有分於基督，我們繼續學習更多關於那國度的事，在其中我們獲賜予生命。

進一步思想這事如何真實地進行，那必須在門徒羣體的實際生活中進行，這羣體看見國度中的生命的異象，成了耶穌的門徒，而那些踐行有分於和擴展那異象，作為向世界的見證，見證上帝救贖的聖潔和愛。

註釋：

1. 這個宣稱和這一章很多其他宣稱一樣，都值得更詳細地處理。我希望將來可以就洗禮和作門徒撰寫專著，更詳細論證我在這裏採取的立場。
2. 比較這些羣體的一個常見方法，是談及嬰孩和成人洗禮。不過，這種語言是誤導的，因為有些拒絕「嬰孩」洗禮的羣體卻為小孩洗禮——只要他們能夠令人滿意地講述自己對福音的理解和自己的信仰。
3. 這個引述來自 Tom Wright, *The Meal Jesus Gave Us: Understanding Holy Communion* (Louisville, KY: Westminster John Knox, 2002) 這本簡潔的書那令人喜悅的書名。
4. 我在 Jonathan R. Wilson, *Gospel Virtues: Practicing Faith, Hope, and Love in Uncertain Times* (Downers Grove, IL: InterVarsity Press, 1998), chap. 8 中探討這點。在幾本處理基督徒的

接待的書籍中，其中一本最好的是 Christine Pohl, *Making Room: Recovering Hospitality in the Christian Tradition* (Grand Rapids: Eerdmans, 1999)。

5. 參 J. Matthew Pinson, *The Washing of the Saints' Feet* (Nashville: Randall House Publications, 2006)。

9

認信
作為教會的特徵

在大部分傳統所承認的信經中，我們承認「獨一聖潔、大公、使徒教會」（one, holy, catholic, apostolic church）。這個認信對很多人來說都可能令人困擾，因為它似乎要求我們刻意忽略我們所見的實際的教會。有時它似乎要求定一個層次的故意否認，是荒謬得幾乎有點滑稽的。誰能夠一本正經地承認獨一聖潔、大公和使徒的教會？

在這一章，我提出這樣的教會論述，不單是一本正經，而且更懷著很大的喜樂，因為我也被這個認信困擾了很多年，在那些日子，我作了一些調節，令我能夠作出這個認信。但那些調節最終變得令人不安和不舒服。後來在建立這本書的論證時，我面對一個需要：擴闊我對教會在它的踐行中的生活的論述，包含對教會的教義傳統的論述。我與那個挑戰搏鬥時，開始看到我自己對承認教會是獨一、聖潔、大公和使徒的掙扎，可以藉著根據我們有分於上帝的國度作為宇宙的 *telos* 來論述教會的踐行而得到解答。這個論述並不解決或消解（solve or dissolve）

那些問題，但卻解答了（resolve）它們，讓我們看到為甚麼這個認信有意思，它甚至解釋了我們在認信中正確地看到的張力。

在轉向那個論述前，我必須強調這一章作為一個標記的重要性——即顯示這本書不是**全面**的教會論，雖然我確實宣稱它是關於教會論的著作。這個主張需要一些解釋。教會的神學傳統往往發展出對在某個歷史潮流中，怎樣處理一些教義核心所在的期望。這教會會怎樣組織？必須包含甚麼課題？必須處理和解決甚麼爭論？這本書只符合了對教會論的小部分期望，正如將它與任何近期的教會論著作稍作比較，便會看見那樣。而且，這本書以踐行為構想性概念。這肯定令它脫離教義和系統神學的領域，並將它置於實踐神學的範疇。

如果我接受標準的期望，前一段的描述便會成立。但這本書本身表達了我對消除神學領域之間的區分的渴望。我的觀點是神學的分門別類很大程度由源於在德國研究大學興起時，要支持神學研究的延續這個不幸的嘗試。這個主張十分富爭議性，我也不能夠在這裏為它辯護。不過，這本書是在消除將不同種類的神學工作分門別類這方面的一個貢獻，無論這分門別類有甚麼來源。

這段簡短的離題話，講述我在這裏的取向與教會的教義傳統之間的關係，解釋了這一章稍微不同的性質。在前幾章，我一直都一致地和清晰地以踐行為焦點，在其中包含教義，但這教義卻是納入關於踐行的論述的。在這一章，我保持一致地和清晰地以教義為焦點，並以踐行為我們往往在教會論中找到的教義難題提供解決方法。我會論證說，當我們承認教會是獨一、聖潔、大公和使徒時，我們承認它與上帝國度的關係，以及它有分於那國度的生命。

獨一

面對那麼多明顯的分歧，在一個我們經常聽到基督徒殺死其他基督徒的世界，承認我們相信教會合一，是令人十分困擾的。為了克服這種不和諧，教會採用很多不同的主張。面對基督徒殺死基督徒時，我們往往不無理由地宣稱對方「只是名義上的基督徒。」面對歷史上不同傳統的分歧時，我們往往訴諸無形、真的教會。這些策略尋求宣稱惟一真正的教會現在已經合一，雖然它是不可見的；從而主張教會在表面的不合一中，現在已經合一。在過去幾十年，很多人花大量時間和精力實現教會有形的合一。[1]

這兩種承認教會合一的取向，都是複雜和微妙的。我不會嘗試考察或批評各種討論和立場。我倒會在下面提出另一個檢視和尋找教會合一的方法。

我們承認教會的獨一性時，主張我們確信上帝聚集一羣人，差派一羣人去為上帝的國度作見證。教會的獨一性不單是關於教會的宣稱；它最終是關於上帝的國度，和上帝決定要怎樣讓世界知道那國度的宣稱。國度是透過這一羣人——教會——而為人所知。（正如我在第七章論證說，這並不表示國度只存在於教會；國度比教會更大，並在教會以外工作。但那國度的工作在教會裏讓人學習和被指認出來。）因此教會的獨一性，是它在見證惟一的事情——上帝的國度——上合一，以及在上帝惟獨揀選它實行那見證方面是獨一的。

這樣理解教會的獨一性，教導我們，教會很多表面的分歧，都是可以值得歡慶的，不是藉著令它們變得相同，而是藉著明白它們全都見證上帝國度的同一個實在（reality）。當然，它們做得並不完美；我們會在這一章的下一節討論這個主題。在這裏我們必須明白，我們會解決不同教會之間的分歧，不是藉著直接將那些分歧連繫到不同教會，而是首先將它們連繫到那個國度。

以洗禮為例。當不同的踐行互相比較時，教會在洗禮上的不合一是有問題的。但當它們與國度比較時，它們便開始得到解決。這種解決並非即時發生或毋須努力的。在期間我們發覺，我們的教會以不同的強調來理解洗禮與國度的關係。但當我們開始找出這些不同的強調，並正確地將它們連繫到國度時，便可以開始看到我們的踐行全都指向同一的 *telos*。這樣，我們可能可以找到方法，根據我們自己的基礎，接受和吸收彼此的踐行。

例如：想像一下如果支持嬰孩洗禮和信徒洗禮的人，需要闡明他們的洗禮踐行怎樣與上帝的國度連繫時，可能會有甚麼事情發生？（我在第八章就此提出了一些建議。）在他們嘗試描述這種關係時，他們自己的理解可能改變，但更重要的是，兩種觀點都會發現共同的基礎，要見證國度，並將別人引進其中。從這共同的基礎，兩種觀點都可能在對方中找到一些意義——或許是對國度的性質和在其中的生命找到一些洞見，是自己的踐行沒有讓自己看到的。這樣，支持一種踐行的人，可能尋求以來自別人的洞見豐富自己的傳統。最低限度，支持這兩種觀點的人，都有可能可以找出對方值得稱道的地方，以及為甚麼他們應該承認彼此都有分於同一個 *telos*。

照我所提倡的做法，根據國度來理解教會的合一，也澄清教會的有形和它的無形之間的張力。我們將獨一性的認信，嚴格地限制在教會（脫離它與國度的關係）時，除了訴諸惟一真教會是無形的，我們沒有甚麼選擇。但當我們承認教會的合一在於它與國度的關係時，便有不同的解決辦法。

在教會與國度的關係中的一這個背景下，我們必須學習，我們本身缺乏有形的合一，也見證了上帝的救贖工作比教會更大這個好消息，這工作包括所有受造物。教會缺乏完全有形的合一，也見證國度的「未濟」（not yet）。作為上帝對宇宙的完全救贖的國度，這國度在這個世代臨在和工作，但它仍未在創造中完全同在。教會的合一的未完成性（incompleteness）是一個必須的提醒，讓我們記得我們等候的救贖。因此，在我們對獨一性的認信中，我們不訴諸無形的真教會；相反，我們見證更大和來臨中的上帝國度。

不過，這見證並不容許教會在面對觀看它的世界時不朝合一努力。事實上，見證的呼召令闡述我們的合一這個任務更形迫切。世界從教會聽到我們在努力將正在尋道的人帶到我們的羣體中時，若是彼此區分的，我們的見證便失敗。世界應該從我們聽到的，是我們的不同踐行怎樣見證在基督裏的獨一救贖工作。焦點不應該在於彼此的區分、在競爭中建立優勢和增加市場佔有率。我們這樣做時，完全出賣了國度，並為自己帶來審判。我們的焦點應該放在喜樂地歡慶我們有多種方式見證國度和它的豐富。

因此，獨一的教會，在我們生活的來源中、賜給我們的使命中、我們為之而活的命運中，以及我們事奉的上帝中找到。這不是保羅的意思嗎？他說：「身體只有一個，聖靈只有一個，正如你們蒙召同有一個指望。一主，一信，一洗，一上帝，就是眾人的父，超乎眾人之上，貫乎眾人之中，也住在眾人之內。」（弗四4～6）因此，我們不是藉著注視教會，令它看起來是獨一的東西，而發現教會的獨一性。相反，在我們將我們所有分歧都朝向上帝獨一的工作時——透過耶穌基督救贖受造物，也就是上帝的國度——教會的獨一性便顯明了。[2]

聖潔

如果承認教會的聖潔是可能的話，也似乎比承認教會的合一更荒謬和令人反感。[3] 在例如十字軍和蓄奴及當代的醜聞這些歷史罪行後，教會似乎絕不聖潔。事實上，我們可以想像，承認教會的聖潔——如果錯誤地進行的話——可以引致自義和否認錯誤，從而令情況更糟。這種否認以忠於聖潔教會的認信為藉口，可以為教會不聖潔的行為提供開脫、掩飾，並使之延續下去。

在嘗試緩和甚至結束教會一直有的一些不公義時，我受到試探，提出放棄教會是聖潔的這個宣稱。這種論證如果得到接受，肯定會為教會除去一個艱難的神學難題。但它真能夠這樣嗎？我們放棄這個認信，實際上會有所得益嗎？還是那些陋習會繼續，因為我們畢竟是不聖潔的？事實上，放棄認信教會的聖潔，不會有任何得益——但我們會失去一些對上帝在耶穌基督裏救贖宇宙這個好消息來說是十分重要的東西。

承認教會是聖潔的，是承認教會與宇宙的 *telos* 之間的關係。主張教會是聖潔的，是見證它現在有分於上帝的國度，以及它將來在上帝的國度裏的完成（completion）。[4] 我們想到聖潔時，通常想到的是純潔（purity）。但純潔雖然是必須的，卻只是聖潔的一個方面。聖潔是一種確信，確信教會的生命，是有賴教會藉著引進和繼續上帝的工作而有分於上帝的國度。教會由於它的來源和命運而是聖潔的。

教會源自上帝的選擇，祂呼召一羣人藉著見證國度而事奉上帝。在以弗所書和教會的大部分歷史中，這個選擇都稱為「揀選」（election）。這揀選不是建基於我們的價值、善良或能力，而純粹是上帝選擇一羣人，藉著使他們成為上帝的百姓而榮耀上帝。因此揀選不是有特權或能力的宣稱，除非那特權表示作見證、那能力表示事奉。[5]

這蒙上帝揀選、呼召和差派是教會聖潔、「分別性」（set-apartness）的來源。如果我們放棄對教會聖潔的認信，便會失去「教會的存在（existence）、使命和所得著的能力（empowerment）都有賴上帝，而不是任何人類中介者」這個認信。失去這個宣稱，會令教會隨波逐流，沒有任何東西，可固定它或在歷史中引導它。雖然教會往往因為宣稱自己靠著自己的能力而活，或拒絕在認罪中將自己的罪帶到上帝面前，從而沒有踐行聖潔的認信，但教會聖潔的認信仍然必須維持。只有藉著這種持續的踐行，教會在自己的生活中，才有呼召先知代表上帝向上帝的百姓説話這種宣稱。

在這樣的討論中提到先知，於理解教會有分於上帝的國度時（教會）的聖潔，帶領著我們多走一步。教會藉著上帝的揀選，根源自國度的生命，因而教會是聖潔的。但在國度中，教會不能免於審判和管教。事實上，正如舊約中上帝的百姓受到嚴厲的審判，被潔淨、提煉和挽回，回到上帝的目的；新約的百姓，也因為不忠而面對同樣的救贖性管教。分別出來見證國度，表示我們也成了上帝恩典那潔淨的火讓人認識的地方。

除了宣稱教會源自上帝仁慈的揀選外，教會聖潔的認信也指向我們的命運。我們活在其中和我們航向的國度是生命的聖潔的國度。這國度是宇宙獨一的 *telos*。如果我們不有分於它的生命、它的聖潔，我們在它當中便沒有分。它的聖潔不是部分或不完整的；不，國度的聖潔是生命的完滿（fullness of life）。因此我們需要幾句關於「聖潔」和「生命」的話。

我們傾向將「聖潔」和「生命」思想為兩件分開的事情。在隨意的談話中，我們可以用這兩個詞來指不同的事情。但在更深思的層面，我們看到兩者是等同的。這並非表示我們身為人類的聖潔生命和上帝的聖潔生命等同。但它確實表示「上帝的聖潔」就是上帝的生命；「人類的聖潔」就是人類的生命。換句話説，如果我們真的相信上帝的國度是宇宙獨一的 *telos*，我們便沒有自由在「聖潔的生命」和「不聖潔的生命」之間選擇。聖潔是生命，它在最深刻的方式上是通往生命惟一的道路。而不聖潔是死亡，它在最深刻的意義上是通往死亡的道路。

因此承認教會的聖潔，就是承認藉著我們正確地與上帝的國度聯合，教會的命運是生命，不是死亡。這正確地聯合在上帝的工作中，並以此作為我們在上帝仁慈的揀選中的來源，這種聯合在上帝仁慈的目的中完成。它是聖經的**公義**和**稱義**的意思，但這些話因誤解而變得那麼沉重，所以我用上面的比喻來傳達上帝的應許那榮耀的將來。這表示教會在國度中的聖潔，是上帝對創造的計劃的完成。它是上帝對這個世界的意願。[6]

藉著教會對聖潔在上帝仁慈的揀選和完成的確定性中的認信，將上帝救贖的好消息放在世界面前。沒有這聖潔的認信，國度的消息便不再是好的。上帝在完成上帝的國度時，「永遠支持生命」這應許，是對全宇宙作出的。因此正當地承認教會的聖潔，不是我們自負地主張自己比別人好，或者更值得愛或配得上帝稱讚。教會是聖潔的，因為包含我們的來源和命運的國度，都是生命的國度。我們蒙上帝呼召去為那國度作見證。

大公

在某些環境下，承認教會的大公性的即時困難，是很多人都認為**大公**（catholic）指羅馬天主教會（Roman Catholic Church）。但在信經和更大的神學傳統中，**大公**這個詞的意思都是「普世性」（universality）。但即使在**大公**應該理解為教會的廣度——即某意義上教會的「普世性」——的環境下，這個詞也帶有令它使人困擾的回聲。因此，很多教會都在信經中用**普世**這個詞取代**大公**。不過，我在這裏會使用**大公**，因為沒有其他詞語可以傳達它的所有色彩。**普世**頗為平淡和有限地單指空間和時間的廣度。**大公**有這種廣度，但也代表擁抱多樣化和風格，那是理解教會有分於和見證國度的其中一面所必不可少的。因此，我在這節講論，在確立大公這個詞的意義時都會使用**大公**這個詞，並相信即使它是有點奇怪，但這也是學習一些事情——關於教會在國度中的生命——的一條途徑。

承認教會的大公性（catholicity），就是承認上帝的百姓見證一個國度，在其中的人類居民並非來自同一羣人、同一種族、同一性別、同一語言，而是「各族、各方、各民、各國中的人」（啟五9）。教會的大公性，是教會生活中國度的實在（reality）的一個標記。大公性不是生存策略或營銷策略或美學表達；它是在教會生活中國度的實在。

大公性是初期教會在尋求明白這羣新人——上帝在耶穌基督裏，並透過耶穌基督創造的新人類（弗二）——的身分和文化踐行這個問題時，其中一個最早和持久的困難。這教會是猶太人的？還是外邦人的？還是兩個教會——一個猶太，一個外邦？在這裏，這些問題開始引入合一和大公性的問題。但大公性的問題幫助我們帶來一個不同的焦點。大公性的問題是：由於教會是獨一的，這一間教會的身分、文化、踐行、語言、國家效忠會是怎樣的？答案由**大公**這個詞概括。

教會的大公性承認上帝沒有為國度的生活賜下某一種文化。或者正面地說，大公性見證每一種文化對上帝救贖工作的開放性，這救贖工作將文化變成在國度中生活的一種方式。[7] 國度不是給人類的某一個部分的特權；它是所有受造物的 *telos*。因此為了讓教會有分於國度的生活和為它作見證，教會必須是大公的。

大公性帶來的問題與合一和聖潔不同。對合一和聖潔來說，問題是認信和外表之間的不協調。而對大公性來說，問題則更實際。甚麼文化踐行是得到救贖或可以得到救贖的？我們反對某些東西，只是關乎文化的差別或熟悉，還是認同一些不能得到救贖的東西，將它帶到國度中？

思想大公性的其中一個方法，是視它為一種接待，那是擴展到陌生人的家庭成員的。這是早期教會的掙扎，也是猶太人和外邦人要成為「大公」和彼此以接待相待時的持續掙扎。在耶路撒冷舉行的最早期教會會議（徒十五），便是為了解決這個問題，並明白福音的本質和國度的特質都受到威脅。吃豬肉和實行割禮，是否應該由特定文化保持以作為對國度的見證而被教會接受？還是它們違反國度的生活，需要被排除？關於吃祭偶像的肉或外邦人中的性踐行（sexual practices）又怎樣？「辯論已經多了」（徒十五7）後，會議在領袖的恩賜和聖靈的引導下作出決定。他們接受頭兩種踐行，但排除後兩種。要留意的是，他們沒有吩咐猶太人必須停止行割禮，也沒有吩咐外邦人開始這樣做。他們沒有從兩者中創造出一種文化，而是創造一種大公性，在符合上帝的國的情況下，對兩者都加以接受。

這種被接受的大公性，並非輕易學到的。即使在耶路撒冷會議後，保羅的書信仍然經常廣泛地處理大公性的問題，特別是關乎割禮和餐桌上的團契。教會繼續面對關於大公性的問題。如果教會有一種語言和一種文化加諸所有門徒，這個問題不會持續那麼久，也不會那麼難回答。但由於教會活在國度中，而國度在上帝救贖的目的中擁抱宇宙，教會必須忠心地與持續下去的問題搏鬥。

在這搏鬥中，教會吸收很多使徒行傳十五章反映的資源：門徒廣闊的文化經驗（彼得和保羅在外邦人中的信仰經驗）、由聖靈分散在教會的恩賜（聚集在一起的領袖的不同貢獻）、聖經的教導（雅各引述舊約，徒十五16～18），以及聖靈的引導。在我們掙扎著要作出辨別時，我們必須留意，雖然有很多事情都可以得到救贖，但並非一切都屬於教會作為國度的見證的生命的。初期教會排除了周圍文化的好些東西（以色列的獻祭系統，希臘人的性踐行）。約翰在對新耶路撒冷的異象中看到：

> 列國要在城的光裏行走，地上的君王必將自己的榮耀歸與那城。城門白晝總不關閉，在那裏原沒有黑夜。人必將列國的榮耀、尊貴歸與那城。凡不潔淨的，並那行可憎與虛謊之事的，總不得進那城；只有名字寫在羔羊生命冊上的才得進去。（啟二十一24～27）

這是對上帝國度中宇宙的 *telos* 的異象，教會以它的大公性為這國度作見證，這大公性從各地接受有分於上帝救贖工作的人。

大公性的踐行在今天尤其重要和可以達到，因為旅遊和文化間的溝通都很容易。而由於現代的宣教運動和全球基督教的興起，它變得更重要和可以達到。有史以來，耶穌基督居住在赤道以南的門徒，第一次比居住在赤道以北的門徒人數更多。[8] 今天，大公性的踐行，對教會的生活和國度的既濟（already）來說都更真。而它是我們更能夠觸及的：由於我們大部分羣體都變得更多元，我們的教會也可以變得更大公。即使當會眾由於周圍人口的組成而不能在會友之間反映大公性時，它也可以藉著喜樂地接受來自其他教會的音樂、崇拜模式和神學洞見——不是作為奇異的東西或營銷工具，而是作為有分於及見證上帝國度的完滿、豐富、榮耀和充裕——從而反映大公性。

使徒的

根據教會的傳統，使徒性（apostolicity）通常被理解為順從使徒的使命和使徒的教導。由於**使徒**表示「蒙差遣」，順從使徒性可以理解為實現大使命——這個任務是第七、八章的焦點。因此在這章，我會區分和發展一套對順從使徒教導的論述，作為教會的一種踐行。[9] 這種忠心是初期門徒羣體的一個標記。他們「都恆心遵守使徒的教訓，彼此交接，擘餅，祈禱」（徒二42）。

今天使徒的教導透過聖經賜給我們。我們遵守聖經的教導是教會使徒性的一種形式。我們考慮忠於聖經作為踐行時，我們建立一套對詮釋聖經的論述，將它置於一個圍繞聖經聚集、並作為上帝國度中的生活的一種方式的關係這種社會網絡的背景中。我描述的詮釋踐行，和傳統的學術踐行以及和沒有受過聖經詮釋訓練的人那種典型的查經小組——往往稱為平信徒研經——作對比。

這兩種取向都有嚴重限制。學術傳統將聖經詮釋限制在一羣有相似技巧和訓練的人中間。這種訓練通常提供一套頗為標準化的問題，以及回答這些問題的方法——即使在答案可能是新的時。在這個傳統中，聖經詮釋往往似乎要求人們掌握一套特別的詞彙和進入祕密會社的條件。問題和論證往往與教會生活沒有多大關連，反倒似乎是自我永存的知識工業的一部分，在其中只有其他學者購買、閱讀和談論人們生產的書籍和文章。這個傳統有值得支持的地方，我的藏書有很多都是這類著作，我閱讀這些著作也有所得益；但它們往往似乎與遵守使徒的教訓相離甚遠。不過，更重要的是，這學術傳統忽略了令聖經詮釋具「使徒性」那廣泛的關係和恩賜。

很多教會實行的另一個選擇，也並非更為可取。在這永遠達不到**踐行**層面的活動中，人們圍繞一段聖經經文聚集，彼此談論那段經文對自己的意義，或者在太多時候都是談論經文給他們甚麼感覺，或者他們可以怎樣運用經文。這些是對經文與國度的生命產生連繫的一種指向錯誤方向和不成熟的觀念，但這也是可以體諒的表達方式。但大部分門徒都不能達到學術的傳統，因此他們透過這些經文追尋的生活可以是未經訓練和混亂的一團糟。

相對於這兩種活動——學術和流行的——教會的使徒性引導我們一種遵守使徒教訓的踐行，是承認聖經學者的必要性和角色，但又將他們置於門徒羣體，而不是學術圈子中，讓他們貢獻和有分於那使徒性。同樣，使徒性的踐行要求著門徒羣體的所有恩賜，但給他們的參與帶來了紀律和引導。對門徒羣體來說，遵守聖經的使徒性踐行，設想羣體圍繞經文聚集，辨別上帝向羣體所說的話，引導羣體忠心地活出和見證國度的好消息。

對學者來說，這種踐行承認他們的恩賜和學識，對正確理解聖經和辨別其給羣體的教導是不可或缺的。這些貢獻包括對原文語言、文化背景、詮釋的歷史和關於聖經的教導的系統思想的認識。由於典型的學術氣質，它們可能透過迫使羣體考量經文不同的意思和引導，以及小心看待對詞語和它們的細緻意思上作出貢獻。但門徒羣體的踐行，也要求學者有分於那構成羣體的關係網絡。學者在有分於教會的使徒性時向其他門徒負責。

其他門徒（那些沒有接受聖經的學術訓練的人）在羣體中讀經，不是作為運用個人意見或感受，而是作為運用自己的屬靈恩賜時，有分於教會的使徒性。羣體聚集時，一個任家庭輔導的人，對經文的一些方面的敏鋭，那是閱讀經文時受其他學者們影響的學者，可能不會留意到的。或者社工或公設的辯護律師，可能與經文的某方面搏鬥，是投資銀行家或家庭主婦所忽略的；或者反過來，後者與經文的某方面搏鬥，是前者所忽略的。

在這踐行中，目標不是表達個人的意見，而是以不同的眼睛和耳朵看和聽經文。這些眼睛和耳朵由於氣質、訓練和工作而受訓看和聽不同的事物。門徒羣體的恩賜集合在一起時，聖靈的聲音和引導，對所有人都變得明顯。有受過訓練的聖經學者在場，對這踐行是十分重要的，無論那是牧者，受過訓練的平信徒領袖，還是註釋書或研經指引。學者的責任不是作為專家，指出經文以前或現在的意思，而是提供語言、背景和歷史的知識，讓圍繞經文聚集的門徒羣體可以一起為大家辨別使徒的教導。

我們將這踐行置於有目的的背景下時，門徒羣體的踐行，在羣體一起辨別國度的生活，透過遵守使徒的教訓看和聽時，便成了它使徒性的體現。使徒性的 *telos* 是進一步忠心地有分於上帝國度中的羣體。由於生活的目標是在國度裏，使徒性是服從使徒的教訓。它不是詮釋聖經；用拉希（Nicholas Lash）那非凡的話說，使徒性是「實行聖經」（performing the Scriptures）。

認信作為踐行

教會作為獨一、聖潔、大公和使徒教會這四重認信，只有在教會有分於國度的生命中才有意義。正是在這有分於和它預示的 *telos* 中，教會的生命得以形成。教會尋求將這認信化為見證教會自己本身的實在（reality）時，教會必定會實行謊言和虛幻。這常見的罪往往腐化教會的生活，令它朝向自我保存。但當上帝那嚴厲的憐憫帶來管教，聖靈的潔淨力量使教會對國度的見證，便得以恢復——當教會承認它的的信仰時。

註釋：

1. 近期一個十分有幫助的取向是 Carl E. Braaten and Robert W. Jenson, eds., *In One Body through the Cross: The Princeton Proposal for Christian Unity* (Grand Rapids: Eerdmans, 2003)。

2. 這獨一性的工作，被我在這裏和其他人在其他地方提供的分析、論證和指導所幫助。但獨一性的工作，差不多最終，還是有賴教會領袖的恩賜和性情，他們為了這裏描述的合一而工作。可惜的是教會往往缺少這種領袖。我在一篇仍未出版的論文探討這個問題："Virtues on the Boundaries, Virtues at the Center," presented to the Evangelical Ethics Interest Group at the 2004 annual meeting of the Society of Christian Ethics。

3. 在 John Webster, *Holiness* (Grand Rapids: Eerdmans, 2003)（中譯本：《聖潔神學》〔香港：基道，2006〕）, chap. 3 中可以學到一些關於教會的聖潔的好事情。我在讀到韋伯斯特的討論前，已經擬就我的闡述的大綱。我們的論述有很多地方相同或互相補充。但也有些分別，我會在適當時候指出。

4. 在關於教會的聖潔那一章中，韋伯斯特幾次反對以「有分於」上帝的語言來描述教會的生活。他的論證不能說服我，但我也不是以他反對的方式使用**有分於**的語言：我將它指向上帝的國度，而不是存在論式的有分於（ontological participation）上帝。

5. 這在紐畢真不可或缺的著作中是一個有力的主題。有關這個主題對紐畢真的重要性的一個簡明的指引，參 George R. Hunsberger, *Bearing the Witness of the Spirit: Lesslie Newbigin's Theology of Cultural Plurality* (Grand Rapids: Eerdmans, 1998), chap. 2。

6. 由於這聖潔是宇宙的 *telos* 的完成，說「教會的聖潔因此是**外來**的聖潔」（Webster, *Holiness*, 62，粗體為原文所有）是十分危險的誤導。韋伯斯特的「因此」回指他主張教會的聖潔建基於上帝的工作。這是有幫助的，但「外來」（alien）這語言，卻錯誤地顯得上帝的工作是令我們成為人以外的物體——換句話說，聖潔是外在於我們的人性。聖潔是上帝的工作，但它是上帝令我們成為人，完全的人，正當的人，實現我們的 *telos* 的工作。

7. 薩內（Lamin Sanneh）了不起的洞見，在他很多書籍中都顯示這種對大公性的理解，特別是 *Translating the Message* (Maryknoll, NY: Orbis, 1989) 和 *Whose Religion Is Christianity? The Gospel beyond the West* (Grand Rapids: Eerdmans, 2003)。

8. Andrew F. Walls, *The Missionary Movement in Christian History: Studies in the Transmission of Faith* (Maryknoll, NY: Orbis, 1996) 和 *The Cross-Cultural Movement in Modern Missions*

(Maryknoll, NY: Orbis, 2002)；以及 Philip Jenkins, *The Next Christendom: The Coming of Global Christianity* (Toronto: Oxford University Press, 2002)。我自己的盼望是基督教在南半球興起，會是比「新的基督教世界」更美好的事情，因為歐洲那舊的基督教世界留給我們的遺產往往令我們後悔和認罪。

9. 對世界各地很多基督徒——例如聖公會教友和羅馬天主教徒——來說，教會的「使徒性」以「使徒傳承」（apostolic succession）為標記，在其中使徒性是由呼召新一代的領袖這個過程來保障的。不過，即使在這些傳統中，這個過程的目的都是忠於使徒的使命和教導。不同傳統之間的分別源自怎樣維持「使徒性」。我在這裏提出關於忠於使徒的教導的論證，適用於所有屬於這一章較早時描述的獨一的教會的成員。

10
受苦
作為國度的權力

在歷史的不同時期，教會的教師都視受苦作為教會的其中一個標記。但這種考慮似乎通常只限於教會真的在受苦的時期。環境改變時，受苦作為教會生活的一部分這個問題，也成為過去。在這一章，我會將受苦重新置於神學議程中，作為教會的一種**踐行**。

藉著考慮受苦作為教會的一種踐行，我希望使它脫離作為一種臨時狀況這個領域，將它牢牢地固定為教會的普遍踐行。為了這樣做，我會引用一些概念，那是一直引導我在這本書所做的事的。但我也會加上兩個元素。首先，我會透過——比到目前為止——更仔細地閱讀聖經來建立我對受苦的論述。我這樣做是因為我想將受苦這艱難的踐行建基於教會生活的主要權威。第二，我會建立我對受苦的論述，作為對在教會中權力的踐行（the practice of power）進行反思。我這樣做是為了將權力的問題帶到焦點，這個問題存在於任何關於踐行的討論；我也要將受苦的踐行置於國度的生活。藉著將受苦置於國度生命的權力，我希望在受苦和權力之間維持一種健康的關係。

在教會，權力的運用是複雜和多方面的。它涉及教會的組織，教會的領導，教會的決定和溝通的過程，還有很多其他事情。這一切都值得細心留意和忠心的踐行。在這一章，我會十分專注於教會的權力的一方面，用來提供一個在教會的生活中活出權力的踐行的思考模式。

在這本書前面的各章，權力的問題都經常出現。我們不能躲藏在無權中，因為權力的濫用在人類的歷史——包括教會的生活——中都是那麼普遍。這當然是一個試探——藉著假設我們可以避免運用權力以抗衡腐敗地運用權力這個問題。正如對家庭系統的研究，清楚地教導我們，無權的宣稱，本身是運用著一種特別的權力：將別人變成拯救者，在那些我們視為有權的人中製造和操控著罪疚感。我們等如說：「可憐我們吧。我們是軟弱的；你是強壯的。你有責任幫助我們，拯救我們，供給我們。」在其他人類關係和活動中，也可以出現同一種操控，於此，宣稱是受害人可能會掩飾了權力的運用。

踐行權力的正當方式，因為我們文化的不肯定性而進一步複雜化。在現代性中，運用權力是指向個人的自由和決定個人的命運。在後現代性中，它的惟一目的，是代表我的利益集團而任意運用權力。在我們過著愈來愈破碎的（fragmented）生活時，那利益集團可以隨著不同的環境而改變。

但這一切複雜性都沒有廢掉一個事實：權力往往被濫用，很多人都是不公平地運用權力的受害人。如果訴諸「無權性」（powerlessness）不是對這些問題的答案，拒絕考慮正確踐行權力也不是答案。我們文化處境的困難，也不容許我們不理會權力的複雜問題。

如果上帝給祂的百姓——教會——一個使命，我們便必須相信上帝會裝備我們完成那個使命。而如果上帝的國度是宇宙的 *telos*，在其中教會有它的生活和呼召，那麼教會必須承認它得著能力（empowered），以實行那生活和呼召。因此，教會的權力，是它有分於上帝的國度。我們描述教會在自己的生活和對世界的使命中踐行權力時，必須總是尋求使那理解和踐行配合上帝的國度。

聖靈

耶穌應許祂的門徒羣體會得著能力：

> 又對他們說：「照經上所寫的，基督必受害，第三日從死裏復活，並且人要奉他的名傳悔改、赦罪的道，從耶路撒冷起直傳到萬邦。你們就是這些事的見證。我要將我父所應許的降在你們身上，你們要在城裏等候，直到你們領受從上頭來的能力。」（路二十四46～49）

> 耶穌對他們說：「父憑著自己的權柄所定的時候、日期，不是你們可以知道的。但聖靈降臨在你們身上，你們就必得著能力，並要在耶路撒冷、猶太全地，和撒馬利亞，直到地極，作我的見證。」（徒一7～8）

> 耶穌又對他們說：「願你們平安！父怎樣差遣了我，我也照樣差遣你們。」說了這話，就向他們吹一口氣，說：「你們受聖靈！你們赦免誰的罪，誰的罪就赦免了；你們留下誰的罪，誰的罪就留下了。」（約二十21～23）

這些經文明顯應許門徒羣體可以得著能力。而這應許在五旬節聖靈降臨在門徒身上時實現了。

聖靈降臨給門徒力量以及聖靈持續的工作，在過去，是差異和分歧的來源。今天，情況已經遠遠沒有那麼嚴重。如果我們將焦點放在這些經文的清楚教導上，我們會發現一些關於在教會中踐行權力的重要指引，那是橫跨很多傳統的。

聖靈的降臨，首先是耶穌一個應許的實現。這降臨不可分割地連繫到耶穌的身分和工作。事實上，在所有這些經文中，聖靈賜能力的恩賜都在差派門徒之後出現。我們可以説，隨著委派任務而來的，是完成任務的能力。但這樣是將太多的區分引入這些經文中。這裏更大的真理，是他們在他們當中看到的基督的生命，會以他們裏面的生命，以及他們在其中活著的生命這些形式繼續下去。這在他們裏面的生命就是聖靈的同在。門徒羣體會見證「這些事」（these things），因為基督會藉聖靈繼續在他們裏面活著。[1]

在第七章，我論證説教會的使命，是以言語和行動見證國度。聖靈降臨在門徒身上時，他們的見證，便在言語和行為中得著能力。彼得在五旬節講道時，數以千計的人聽到那些話語，透過水禮開始作門徒的旅程（徒二）。這種以話語進行的始初見證之後，是很多記述，講述門徒忠心的見證話語和那些話語的力量。在門徒的共同生活見證著耶穌呼召他們見證「這些事」時，聖靈也給門徒行為的力量：

> 那許多信的人都是一心一意的，沒有一人說他的東西有一樣是自己的，都是大家公用。使徒大有能力，見證主耶穌復活；眾人也都蒙大恩。內中也沒有一個缺乏的……（徒四32～34）

這些踐行在門徒羣體見證耶穌呼召他們見證的「這些事」時，在這個羣體中體現聖靈的能力。他們宣告和實行國度的生活。

但緊隨著使徒行傳第四章的宣告，我們看到亞拿尼亞和撒非喇的不忠。這裏是新約對在教會生活中運用權力的現實態度——即使是在十分忠心的時候。我們再次得到提醒，聖靈的加力和體現那能力的踐行，必須作為生活方式配合上帝的國度。亞拿尼亞和撒非喇遇到的審判，是那獨一的 *telos* 的審判：如果我們的「生命」不是國度的生命，那它就是死亡，而不是生命。

因此，聖靈的能力賜給教會，讓教會可以配合和有分於那國度。這能力不是可完成教會所選擇的任何事情的一種能力。它也不是脫離國度而支持教會的生活的能力。聖靈的能力，並不給予教會地位、特權或祝福，除了在教會有分於國度的時候。

早期的門徒羣體，明白他們的得著能力是為了見證國度時，他們教導我們一些關於在今天的教會踐行權力的重要事情。在使徒行傳五章，在教會爆炸性增長以及對他們一起的生活那了不起的描述後不久，我們讀到：

> 主藉使徒的手在民間行了許多神蹟奇事；他們都同心合意地在所羅門的廊下。其餘的人沒有一個敢貼近他們，百姓卻尊重他們。信而歸主的人越發增添，連男帶女很多。（徒五12～14）

教會這有力的生命，令到大祭司和其他撒都該人十分關注，於是他們拘捕和監禁使徒。使徒被天使釋放後再次在聖殿講道，因而再次被捕。在聆訊時，受人尊敬的律法教師迦瑪列，以一種實用主義式的態度勸告猶太領袖：

> 「現在，我勸你們不要管這些人，任憑他們吧！他們所謀的、所行的，若是出於人，必要敗壞；若是出於上帝，你們就不能敗壞他們，恐怕你們倒是攻擊上帝了。」
> 公會的人聽從了他，便叫使徒來，把他們打了，又吩咐他們不可奉耶穌的名講道，就把他們釋放了。（徒五38～40）

在這時，「他們離開公會，心裏歡喜」（徒五41）。

我在這裏打斷那個故事，讓我們可以考量使徒歡喜的原因。他們的講道令數千人得救。在五旬節宣告那好消息，會令那信息被往耶路撒冷過節的猶太人傳遍整個帝國。使徒行了很多神蹟，很多人都得到醫治。但使徒歡喜時，經文告訴我們，他們歡喜是「**因被算是配為這名受辱**」（徒五41）。

權力和受苦

這是初期門徒羣體的教訓：聖靈的能力，是受苦的權力——當為在耶穌基督生命中的國度的好消息作見證時。這個洞見，是教會權力踐行的關鍵。權力不是避免受苦或保護自己或個人的羣體免受苦難的方法。教會的受苦，不是我們無權性的標記。受苦本身也是不好的。但教會得著能力，在反叛上帝國度的世界中，靠著上帝國度生活時，受苦是忠心見證的結果。

保羅在自己的使徒事奉中理解到這點。在哥林多建立教會的事奉後，一些稱自己為「超級使徒」的人挑戰他。他們實際上似乎在說：「保羅可能是使徒，但我們是**超級使徒**。」很明顯，身分、權威和權力的問題，交織在這個挑戰中。保羅根據兩個基礎迎接這個挑戰：他自己傳講基督的十字架和保羅自己的受苦。正如研究顯示，保羅是運用一些精妙的修辭來為自己的事奉和他所傳講的福音辯護。但在這修辭中，他也根據基督的十字架和他自己的個人歷史，辨別出事奉和使命的能力。

藉著引述基督的十字架，保羅提醒我們，聖靈使我們得著能力，成為耶穌基督的見證人（而祂的生活方式令祂被釘十字架）。當然，耶穌基督的復活令我們得到聖靈，但聖靈使我們得著能力，令我們能夠在叛逆基督和叛逆上帝國度的世代中跟隨基督，在國度中生活。宣告基督的十字架，宣示這個世代是已給顛倒過來的；這個世代剛好將生活弄錯了，引致死亡。

十字架的能力在保羅自己的生活歷史中活出來。保羅最終面對超級使徒時，他提出自己的使徒資格：

> 他們是基督的僕人嗎？（我說句狂話，）我更是。我比他們多受勞苦，多下監，受鞭打是過重的，冒死是屢次有的。被猶太人鞭打五次，每次四十減去一下；被棍打了三次；被石頭打了一次；遇著船壞三次，一晝一夜在深海裏。又屢次行遠路，遭江河的危險、盜賊的危險、同族的危險、外邦人的危險、城裏的危險、曠野的危險、海中的危險、假弟兄的危險。（林後十一23～26）

在這段經文，保羅將自己面對的自然危險和人為危險交織起來。雖然並非所有這些指向他的危險的，都是因為他是耶穌基督的門徒，但他面對這些危險，是因為他在國度中蒙召接受的生活。而當然，保羅幾乎從沒有獨自上路，因此他服事的門徒羣體也面對這些危險。

保羅在這個背景下談及自己的軟弱，但在修辭上保羅挑戰哥林多教會，根據基督的十字架和上帝的國度修改教會對能力和軟弱的定義。對超級使徒來說，能力不是聖靈令我們在這個世代見證基督的能力。是的，基督已經復活，但這個世代仍然未受審判，國度仍然未全面存在。因此，在這個世代，跟隨基督表示受苦。這就是教會靠著聖靈所得著的能力。

為基督受苦

受苦的權力，放在跟隨基督的背景中時，我們便不會為了受苦本身而珍惜受苦。受苦本身並不好。如果受苦是好的，在受苦的生命後有永遠的生命這個異象，便是頗為不合情理的理解。由聖靈加力的受苦，不是國度生命中自然的事。它只是**活在這叛逆的世代中**的國度的生命的自然事件。那是在被佔領的土地上活出生命，而此刻那土地由死亡統治。在上帝的國度來臨中的那世代，不會再受苦，因為這叛逆的世代，不會再有能力。

對基督徒生活的論述，往往在「榮耀的神學」和「受苦的神學」之間作選擇，前者被視為反映復活作為基督徒生活的模式的首要性，後者則被視為反映十字架作為基督徒生活的模式。事實上，這選擇是虛假的。基督徒生命由聖靈加力，祂的同在因為基督的復活而變得可能。但那復活的生命，是在暫時由死亡這外來力量所統治的世界中活出來的。因此門徒羣體的能力，是在死亡中靠著復活而活的能力，以及於這種生活所帶來的受苦中忠心地忍受的能力。在一段經典的段落中，尤達（John Howard Yoder）教導說，「信徒的十字架，不是某種疾病或脾氣暴躁的鄰居或難應付的老闆。信徒的十字架，是在將『愛』釘在十字架上的世界中，以愛生活的自然結果。這是我們的公民抗命要付出的代價。」[2]

這種公民抗命（social nonconformity）不是微不足道的策略，只從世界中得到提示：即觀察世界做甚麼，然後反其道而行。不，教會的公民抗命是有目的的。教會的視線不是專注於世界，而是專注於上帝的國度，在其中教會藉著聖靈的能力而得到它的生命。這個對國度的注視引導教會的生命。這注視是透過有紀律的踐行學到，我在這本書指出這些踐行，還有很多踐行也可能適合教會在國度中的生命。

體現公民抗命和引致受苦的「對國度的配合」（kingdom conformity），可以在世界各地受迫害的教會的很多情況中看到。在很多情況下，避免迫害的苦難，會是相對簡單的事情，只需要配合對國度的叛逆（rebellion against the kingdom）的政治和經濟力量的要求。在北美洲，受苦藉以對國度的配合，在我們社會很多處於邊緣的基督徒羣體中發生，但它應該廣泛得多。門諾會（Mennonites）、弟兄會（Church of the Brethren）和貴格會（Quakers）這些歷史上的和平教會及其他加入他們的基督徒羣體，都視他們的和平主義（pacifism）為有分於國度。無論我們怎樣判斷基督徒和平主義的問題，這些傳統都提供一個以公民抗命見證國度的例子——一種引致受苦的公民抗命，是只有考慮到國度才有意義的。同樣，視與窮人和被壓迫的人一起的生活為國度的呼召的基督徒羣體，也代表國度那有目的的受苦。這些例子提醒我們，受苦作為教會的踐行，必須總是根據它對國度生命的分來加以判斷的。

今天教會的受苦和權力

教會作為上帝的百姓，要不是因為忠於國度而在世界的手中受苦，就是因為不忠而在上帝的手中受苦。蒙揀選作上帝的百姓，就是蒙揀選藉以見證基督在世界的工作為目的。兩種形式的受苦都實現這個使命。

今天，在世界的不同地方，教會認識這種受苦的不同形式。在歐洲文化中（包括北美洲），我覺得教會似乎開始在上帝的審判下受苦。我們迷失了，我們不再以宇宙的 *telos* 生活。我們的生活顯得富裕和有活力，但卻不是國度的生活。這本書部分是我卑微的貢獻，要令教會重新朝向它的 *telos*，它真正的生活。教會不是為了自己或自己的國家而活，而是為了基督在世上而活。在這個處境下，教會必須聆聽舊約給上帝的百姓的應許：「這稱為我名下的子民，若是自卑、禱告，尋求我的面，轉離他們的惡行，我必從天上垂聽，赦免他們的罪，醫治他們的地。」（代下七14）這是今天給上帝的百姓——教會，而不是民族國家——的呼召。願教會聆聽和悔改。

在歐洲文化以外，於世界的很多地方，教會都認識來自世界手中所受的苦。基督的門徒每天都面對迫害和死亡。在這些地方，耶穌的話帶來盼望：

> 為義受逼迫的人有福了！因為天國是他們的。「人若因我辱罵你們，逼迫你們，捏造各樣壞話毀謗你們，你們就有福了！應當歡喜快樂，因為你們在天上的賞賜是大的。在你們以前的先知，人也是這樣逼迫他們。」（太五10～12）

這段經文，美好地總結了聖靈的能力這踐行，對於為了忠於國度而受苦的意義。

在對受苦作為教會的標記這詳細的描述中，我們必定不能忽視令門徒羣體可以喜樂地忍受苦難和得到祝福的能力。聖靈使我們得著能力時，門徒羣體的受苦不是病態地歡慶受苦；它也不是尼采（Friedrich Nietzsche）所十分鄙視的那種對軟弱的操控性的喜悅。門徒羣體的受苦，是在愛好死亡的能力的世界中踐行生命的能力。差遣耶穌上十字架和使祂從死裏復活的能力，是征服死亡、並且有一天會結束死亡的恐怖統治的同一能力。教會拒絕崇拜死亡和它的能力時，便忠心地見證愛的生命這更大的能力：當那生命是我們有分於上帝的愛——差派耶穌基督到十字架以救贖世界的愛——的時候。

註釋：

1. 參這個主題在 Douglas B. Farrow, *Ascension and Ecclesia: On the Significance of the Doctrine of the Ascension for Ecclesiology and Christian Cosmology* (Grand Rapids: Eerdmans, 1999) 中那創新、密集、有時具猜測性、但總是有指導性的發展。
2. John Howard Yoder, *The Politics of Jesus: Vicit Agnus Noster*, 2nd ed. (Grand Rapids: Eerdmans, 1994), 97.

附錄

踐行的教會：現代性結束之際的福音派教會論（薛華、寇爾森、華理克、麥拉倫）

這篇文章一個較早期的版本在二〇〇三年四月惠頓神學會議（Wheaton Theology Conference）中宣讀。下文是那篇文章的修訂版，並作為會議的文集的第三章出版，見 Daniel J. Treier and Mark A. Husbands, eds., *Community of the Word* (Downers Grove: InterVarsity Press, 2004), 59～75，並蒙允於本書轉載這篇文章，藉以顯示我在這裏追尋的洞見和論證，可以怎樣應用到其他教會的踐行者。

要尋找福音派教會論（evangelical ecclesiology），很自然的做法是轉向福音派神學家或福音派經常留意的非福音派神學家。因此，我們可以探討卡爾．亨利（Carl Henry）、布洛施、葛倫斯（Stanley Grenz）或卡維里（Veli-Matti Kärkäinnen）的著作。我們也可以研究巴特、潘寧博（Wolfhart Pannenberg）、莫特曼（Jürgen Moltmann）、托倫斯（T. F. Torrance）、林貝克或拉納德（Ephraim Radner）的作品。這些計劃都會是有價值和有成果的。

但它們都不能令我們接近「福音派教會論」。

在一篇於《基督教世紀》（*Christian Century*）發表的文章中，卡羅爾（Jackson Carroll）報告一個對福音派牧者閱讀習慣的調查。結果顯示他們喜愛的作者中沒有任何神學家，他們近期閱讀的書籍沒有任何神學著作，他們經常閱讀的刊物中沒有任何神學期刊。[1] 要探討福音派教會論，我們必須轉向流行作者——這些作者更加像是一些其他牧者和教會領袖——而不是學術界、甚至不是福音派學術界中的神學家。

當然，**福音派**（evangelical）是一個含糊的字眼。我們可以好像韋伯斯特（John Webster）那樣使用它：

> 福音派這個詞在這裏不是用來作為區分（例如與天主教）的詞，而是取其更基本的意思。福音派神學是由福音引發、引導和判斷的神學。在這個意義下，福音派只是等同基督教；所有基督教神學，無論有甚麼傳統，正確地說都是福音派的，因為它們都由耶穌基督的好消息決定，並向這好消息負責。[2]

這是對**福音派**一個完全值得辯護甚至贊許的用法，是我也同意的。不過，**福音派**也可以用來指一種福音派的次文化（subculture），那個受到大量研究的羣體，他們的身分仍然很富爭議性。**福音派**的這後一種用法，引導我對福音派教會論的研究，雖然在結束這篇文章時，我們會就（前一種意義的）「福音派」教會論，提出一些建議。

要在現代性結束時探討福音派教會論，我會探討四個流行作者隱含或明示的教會論。他們的福音派身分都是沒有爭議的。他們包括：薛華（Francis Schaeffer）、寇爾森（Charles Colson）、華理克（Rick Warren）和麥拉倫（Brian McLaren）。這些作者的著作橫跨四十年，他們的事奉代表不同的建制處境。我會嘗試描述這些著作以開始我的研究。接著我會提出一些福音派教會論的身分標記，然後提倡一種對福音派教會論的規範性理解，即視它們為宣教性或即興性的（missional and improvisational）。

薛華

對我那代的很多人來說，薛華的著作是通往更大的知識世界的通道。在他很多著作中，薛華都將教會放在前面和中心。[3] 在這些著作中，薛華建立了一套明確的教會論，雖然不是以系統神學的標準形式這樣做。

在《二十世紀末的教會》（*The Church at the End of the Twentieth Century*）中，薛華以文化分析開始，這分析凝聚了他較早時的著作《理性的規避》（*Escape from Reason*）和《永存的神》（*The God Who Is There*）的論證。正如薛華自己指出，這重複反映了他委身於將教會建基於特定的時間和地點（頁5）。接著，這種文化批評變成一種教會論的基礎，這種教會論承認在歷史中「同盟」（co-belligerents）與教會一起存在，真理在佈道和踐行中的中心性，「羣體正統性」（the orthodoxy of community）的必要，以及關於教會的「形式和自由」（form and freedom）的教導（頁59）。

在他對文化狀況的敏銳觸覺中，薛華承認教會關於不公義或政治的聲音，可能和其他聲音混合在一起。這樣，薛華想教會清楚知道，這些其他聲音不是盟友，而是同盟。當然，他以在晚期現代性和他在其中看到的主體主義（subjectivism）中關注「真實的真理」（true truth）著稱。但那對真理的關注，對薛華來說不限於命題，它更擴展到踐行。這個主題或許是薛華最重要的貢獻，他將福音派教會推離它舒適的踐行，進入接待和憐憫的基督教，歡迎「他者」（others）——少數民族、吸毒者、輟學的人和與社會格格不入的人。[4]

薛華在他的著作中與兩種張力搏鬥。其中一種是「形式和自由」之間的平衡，在其中他尋求確立新約教會的權威引導，以及在特定文化運動中要實現教會的使命所需要的轉化。另一種張力更困難，那就是平衡「可見的聖潔」與「基督徒的標記」——愛——的挑戰。[5] 在我們批判和欣賞地記念薛華的「命題性護教學」（propositional apologetics）時，我們也必須記念他稱「可觀察到的愛」（observable love）為「最終的護教學」（final apologetic）：「世界……應該能夠觀察到我們確實彼此相愛。我們的愛必須有世界可以觀察的形式；它必須是可見的」（*Mark*, 34）。

雖然我在這裏的目的，不是評估——甚至不是簡單地評估——薛華的整體事奉，但我們只能夠根據他自己的激進分離主義（separatist）和基要主義（fundamentalist）的遺產這個背景，才能夠充分理解他的福音派教會論。在宣教境況的壓力以及為了忠於福音的情況下，薛華發展出一種超越他自己背景的教會論。在薛華的著作，我們找到人會與世界交往，並以它作為宣教的所在，而不是要被排斥或隔離。當然，他不是第一個或惟一一個這樣做的福音派人士，但他的著作出於對教會的宣教的關心，發展出一種福音派與文化的交往，並使這種交往流行起來。[6] 第二，在宣教的處境下，薛華接觸關於教會的獨一、聖潔、大公性和使徒性的問題，這些問題，對他植根於其中的基要派傳統來說，那是很少遇到的問題。這搏鬥引致薛華的教會論中一些得不到解決的張力，這些張力在今天的某些福音派教會論中延續下去，但在其他福音派教會論中卻消失了。那些張力包括批判性地與文化交往，而又不致妥協或被收編這難題，以及論述對信經的肯定，認為那是能夠維持獨特性和福音派身分的。

寇爾森

薛華的《二十世紀末的教會》出版後二十二年，寇爾森和沃恩（Ellen Vaughn）出版《身體：黑暗中的光》（*The Body: Being Light in Darkness*）。[7] 寇爾森和沃恩重拾薛華較早時的著作的很多特點。[8] 他們以文化分析開始，將他們的教會論建基於特定的時間和地點。他們對同盟、真理和羣體這些薛華著作的特點都有同樣的關注。[9] 但在這種恢復中，他們將他們的教會論擴展到三個額外的領域。

首先，他們對教會歷史的運用，比薛華多，且更形重要。誠然，薛華提供一種歷史敍事，但它主要是要顯示文化那叛逆上帝的軌迹。在《作為身體》（*Being the Body*）中，作者從教會歷史中交織出一些故事作為範例，用以展示我們生活的根源，以及引導我們現在和將來的生活。這些例子的信息是，我們可以從過去的世紀學到很多東西。

第二，作者使他們所處理和向其學習的教會身分，得以更寬廣。他們展示的教會的全球視野，奇妙地有助擴大北美基督徒的世界，但他們也擴大福音派基督教的界限，令它超越薛華——包含了天主教。在這些例子中，他們不單看到同盟，也看到盟友，我們與他們在行動中踐行可見的合一。[10]

寇爾森和沃恩的著作反映的第三個改變，是更厚重地論述公義的呼召。這份對公義的關注也存在於薛華的著作，但卻是以比較淡薄、未成熟的方式存在。寇爾森和沃恩詳盡地發展這關注，使其在他們那「在黑暗中發光」的論述中更為重要。[11]

最後，我們應該留意作者以教會活「在上帝面前」（*Coram Deo*）這個至高關注開始。他們進入闡釋時，主張「教會最迫切需要的是聖潔的敬畏。討上帝喜悅的熱誠，多於討文化和羣體喜悅的熱誠——我們在其中過這些又少、又短的年日」（頁28）。他們也注意到，由於他們廣泛地委身於「獨一、聖潔、大公和使徒教會」所引起的不安（頁14）。

在《作為身體》中，作者或許是有意識地把信經勾劃出來。在第一部分「教會是甚麼？」中，他們闡述教會的獨一性。在第二部分「教會對抗世界」中，主題實際上取自教會的聖潔和大公性（雖然較少取自後者）。最後，在第三部分「世界的教會」中，教會的使徒性，裝備聖徒事奉和宣教。

華理克

目標導向現象（purpose-driven），在北美基督教及其他地方都十分著名。《標竿人生》（*The Purpose-Driven Life*）賣了超過一千五百萬本，它的成功令華理克較早的著作《直奔標竿：成為目標導向的教會》（*The Purpose-Driven Church*）銷量上升，也令它的影響比最初面世時更大。[12]

在《直奔標竿：成為目標導向的教會》中，我們進入一個與薛華、寇爾森和沃恩十分不同的世界。他們的教會論很容易從其著作中看出來，細心的讀者，可以辨別出他們從基督教傳統吸收到的引導，但我們卻很難辨別出有任何教會論引導著華理克的書。這種缺席——或者較不帶偏見地說，這種沉默——暗示了好些事情。

在我們轉向這種沉默的含義的討論之前，值得稍為離題，因為華理克這本書的風格模塑了它對讀者的影響。華理克的書的寫法和組織都十分簡單。每一章都主要是一些大標題和斜體的句子，而且通常是編了號的。在這些標題後的文字是重複的，而頁邊的補充和方格突出了文字的某些部分。這種風格伸展到內容中。這本書集合了聖經經文、口號和好的建議。這些本身都不是壞事，但卻迴避了教會論這個問題。

正如我已經指出，如果我們能夠辨別出華理克的教會論，也只能夠幾乎完全是從那些沉默中辨別出來。因此，我會謹慎地論證華理克的著作所反映出來的以下這些特點。

首先，欠缺任何對文化的批判性檢視，表示教會和文化之間的關係是沒有問題的。這本書有論證著一種對文化的敏銳觸覺，但只是作為向目標對象傳達信息的方法。文化不是對忠心的門徒的障礙，除非我們不明白文化並因此不能夠溝通和說服別人。華理克的教會論對「世界」作為神學挑戰，是沉默的。

第二，如果讀者想在本書中找尋反映教會的獨一、聖潔和大公性，只會徒勞無功。在這方面，華理克的教會論完全沒有關注時間和地點作為神學問題的獨特性。即使使徒性這個主題，是體諒的讀者可以在書中對聖經和作門徒的委身這類論述上，辨別出來的；但在脫離任何獨特性，缺乏實質內容時，這種使徒性也失去它的意義。整本書都有一種對文化和歷史的幼稚。這種幼稚容許作者提出很多好像這類性質的主張：「我們永遠都不應該批評任何蒙上帝祝福的方法」（頁156），彷彿「上帝的祝福」本身就好像一個不會引起任何問題的詞彙。

最後，華理克著作中的沉默，令北美文化中的個人主義不被觸及。是的，《標竿人生》以主張「生命的重心不在於你」開始，但這本書的整體信息是，它**是**關於你和你的滿足的。這本書隱含的教會論，在前書中全面表達出來：教會是達致個人滿足的工具。華理克在其他著作和訪問中，主張他的建議是「英特爾晶片」（Intel chip），可以插入很多不同環境中時，他自己也支持這個結論——雖然可能是漫不經心地這樣說。

我寫以上的話的時候，知道華理克的書籍的銷量，知道他對牧者的廣泛影響，以及很多人見證說因為他的書和研討會而得到滿足的生活。但他對我們的文化和教會的處境那種「完全沒有問題」（unproblematic）的取向，令我感到困擾。或許他的書籍廣受歡迎，顯示聖靈的運動。但它也可能反映他的著作多好地將我們文化的渴望和「價值觀」反映出來。我祈求的是前者，但我恐怕那卻是後者。

麥拉倫

在麥拉倫的著作中，我們見到一種創新的形式和創意的思考，但卻仍然延續我們先前已經檢示過的著作。麥拉倫的兩本著作，《新品種的基督徒》（*A New Kind of Christian*）和《我們身處其中的故事》（*The Story We Find Ourselves In*），是虛構的故事，提出他對基督教和教會的遠象。[13] 我們在這裏的焦點，是他更具闡釋性的教會論：《教會大變身》（*The Church on the Other Side*）。[14] 麥拉倫著作的版面設計，和華理克的著作相似，有粗體的文字，斜體字，編號，但它的教會論十分接近薛華、寇爾森和沃恩。[15]

麥拉倫對傳達信仰的文化處境十分敏銳，但某程度上他也承認「世界」是反對教會和基督教的。例如：在《教會大變身》較早的一章，麥拉倫告訴我們，他最初寫那一章「表示上帝跟任何美好的現代一樣，只對獨立個體感興趣」（頁34）。他呼召我們擴大我們對實在（reality）的視野，超越獨立個體。在這當中，他看到現代性的文化挑戰。然後他用了這本書的大部分篇幅來分辨出文化的「後現代性基質」（postmodern matrix），我們愈來愈朝向它移動。他對現代性展示的批評態度，在他轉向後現代性時緩和了不少。他對後現代性的取向，開始和華理克對現代性的取向相似。正如現代性對華理克來說不是問題，後現代性對麥拉倫來說也似乎不是問題。

從文化處境繼續前進，麥拉倫展示一種教會論，在他呼召由多種傳統到一種傳統的「換購」（trade-up）中關注獨一性。在呼召我們超越宗派的各種狹窄傳統，甚至超越好像福音主義這種跨宗派的運動時，麥拉倫指示福音派朝向關注教會的獨一性。他也展示出對教會的使徒性的重大關注，極力提倡教會的使命。不過，對使徒的使命的追求，威脅著要淹沒任何對使徒性的忠誠的考量。也就是說，關於新約的教導，薛華跟「形式和自由」搏鬥；但麥拉倫卻沒有顯示這種焦慮。他的第八個策略建議：「放棄結構，因為它們已經成長得不再適用」，「為教會結構採納一種新的範式，是容許以大小、構成、資源和策略的改變為基礎的慣常重組」（頁95）。這個建議沒有伴隨任何來自使徒傳統的提醒、警告或限制。

同樣，聖潔和大公性傳達的教會論，在麥拉倫的著作中最多也只是沉默的。關於教會被分別或呼召出來作為上帝的百姓，麥拉倫幾乎沒有論述。麥拉倫對現代性和基督教之間的關係進行激烈的批評，但即使在這裏，現代性的困難似乎較少是現代性作為「世界」的表現，而更多是它已過時，因此任何以現代性文化作為前設的東西都會過時。但比缺乏教會的「分別性」（set-apartness），更重要的是缺乏其「分別**歸上帝**」（set-apartness to God）。相對於寇爾森和沃恩，他們以敬畏主開始和結束他們的教會論，麥拉倫的教會論似乎由對不相關的恐懼推動。如果教會蒙上帝呼召，為了世界而活，那麼不相干便是一種不忠的形式。

但對不相干的恐懼，不是教會論的基礎，對主的敬畏才是。

福音派教會論：即興性或工具性？

前面的闡釋，沒有形成不中斷的家族世系紀錄，或者持續和發展的融貫敍事。前面的闡釋所提供的，是對一個關於福音派教會論的命題的一些基礎，而這或許能引導我們走向未來。

最好和最壞的福音派教會論都植根於熱誠地委身於宣教。這引致福音派教會論的一種彈性，而這很大程度上構成福音派沒有教會論的這個指控。我們有教會論，但我們的教會論是那麼有彈性，以致有時難以辨別出有效的教會論。

當然，有時——太多時候——我們為了宣教而完全放棄教會論。我的意思是對宣教和它的成果沒有進行批判性的反思。結果，教會的生活沒有隱含或明確地植根於三一上帝的工作。在這裏，教會很容易和無可避免地成了一種工具，那是上帝給予的使命以外的東西的工具。歷史有很多這種例子，較接近我們這個時代的例子也很多，而且也更具爭議性。

我們福音派（作為一種次文化）需要的是福音派教會論，需要對教會的論述，而這是令我們向福音負責的。由耶穌基督的好消息呼召而存在，並得著能力見證那福音，福音派教會需要維持**宣教的**教會論（missional ecclesiology），並委身於宣教和伴隨的彈性，同時也維持忠於我們的使命。描述這種教會論，並裝備我們忠心地具彈性的最好方式，是在我們的宣教的教會論外，加上**即興的**教會論（improvisational ecclesiology）。[16] 福音派教會論是即興時，令教會能夠在改變的環境中實現它的使命。[17] 以忠心和不忠心的即興或成功和不成功的即興來思想是錯誤的。忠心和成功的即興就是即興。

福音主義的力量在於它願意以它的踐行配合基督教使命的要求。它的弱點是它願意忽略我們在上帝百姓中的身分。即興的教會論承認適應和忠心的要求，令我們向這兩者委身。我們必須正確地學習以言語和行為承認教會是獨一、聖潔、大公和使徒的。但這些特質在特定時間和地點的意義，需要在聖靈的引導下進行分辨。

如果對即興的嘗試是不忠心或不成功，它並不能達到即興的地位，而會變成**工具性**（instrumental）。福音派教會論是工具性時，它不能夠令教會在改變的環境中實現它的使命。這種工具性的失敗，可能在我們抗拒改變和緊抓著過去的形式，或者在我們擁抱改變——令教會與它生活的來源失去連繫的改變——時發生。

根據這個考慮，前面的闡釋給我們即興和工具性教會論的例子。根據我的判斷，薛華、寇爾森和沃恩的教會論是即興的教會論的例子。華理克的教會論是工具性的。而麥拉倫的教會論仍在朝即興發展。在麥拉倫的情況，我會期望見到沿著這條路再走下去的著作。繼續用來自爵士樂的比喻，麥拉倫在錄音室的時段發展出一些有希望的可能性，但還需要更多練習。麥拉倫的教會論是在進行中的工作。總括來說，它是——唔，在冒起中（emerging）。

有這些誠然是強烈、但沒有經過論證的主張在我們面前，我們準備好多走一步——問甚麼構成教會論的即興性？正如爵士樂要求某些技巧、訓練和恩賜，我也可以說，教會的爵士樂也需要這樣。在這裏，即興性的教會論倚賴一些不言而喻的面向，是難以辨別，而且需要透過學徒期和踐行結合屬靈恩賜才能夠得到的。但除了這些不易捉摸的東西外，還有一些可以清楚辨別的特點。

教會性即興，由順從上帝的國度那更大的實在，最清楚地使之成為可能。我們所有即興者（improvisers）都承認這點，雖然國度的某些方面在麥拉倫的著作中是沉默的。這種對國度的順從透過獨一、聖潔、大公和使徒的語言由傳統教導。這些特點如果得到正確理解的話，可以將教會正確地連繫到它在世界中的使命，令即興性變得可能。學習合一、聖潔、大公性和使徒性的語言和踐行，給我們技巧和踐行，在特定的時間和地點那轉變的文化中，富創意地作出調節、有想像力地回應，以及忠心地實行。

註釋：

1. Jackson W. Carroll, "Pastors' Picks: What Clergy Are Reading," *Christian Century*, August 23, 2003，可以在網上取得：http//www.pulpitandpew.duke.edu/pastorspicks.html。
2. John Webster, *Word and Church: Essays in Christian Dogmatics* (Edinburgh: T and T Clark, 2001), 191.
3. 我是指薛華以下著作：*The Church at the End of the Twentieth Century* (Downers Grove, IL: InterVarsity Press, 1970)；*The Church Before the Watching World: A Practical Ecclesiology* (Downers Grove, IL: InterVarsity Press, 1971)；*True Spirituality* (Wheaton, IL: Tyndale House, 1971)。
4. 參 Schaeffer, *Church*, 105～112 和 *True Spirituality*, 168～171。
5. 《愛之誌》（*The Mark of the Christian*）最初包括在《二十世紀末的教會》（*The Church at the End of the Twentieth Century*）中，後來在同一年（一九七〇年）獨立出版。
6. 卡爾．亨利（Carl Henry）和其他人已經引進這個認真的文化交往運動。薛華以植根於教會的福音派人士和推廣人，而不是學者的身分這樣做。
7. Charles W. Colson with Ellen Santilli Vaughn, *The Body: Being Light in the Darkness* (Dallas: Word, 1992)。這本書一本最新、後九一一的版本以《作為身體》（*Being the Body* [Dallas: W Publishing, 2003]）這個書名出版。這個新版本回應九一一，並分析美國

教會初期的回應，認為是朝基督徒的忠心移動的，然後卻又改變了方向。它使用這個事件的轉變來再次呼召教會要更加忠心。

8. 寇爾森的著作和薛華的著作之間的關係，可以從很多層面追尋。關於這關係最清楚的表達，可比較寇爾森的作品和 Nancy Pearcey, *How Now Shall We Live ?* (Wheaton, IL: Tyndale House, 1999) 這本作品，這本書是獻給薛華的。薛華自己的著作是：*How Shall We Then Live ?* (Westchester, IL: Crossway, 1983)。

9. 雖然，不是我在這一章的主要關注，但我必須提出我對很多福音派人士使用「世界觀的語言」的反對，這些人包括薛華、寇爾森和沃恩。這種語言是普遍的和具形塑性的。我可以隱晦地指出我的反對：教會並不宣告一種「世界觀」，或者以一種「世界觀」生活。我們宣告上帝救贖工作的消息，這工作以耶穌基督為中心，並在歷史中繼續。基督教不是一套觀念（ideas）；它是上帝在基督裏救贖世界的能力。我們靠著聖靈的能力和引導活在這救贖中。我已故的神學教授博克米爾（Klaus Bockmuehl）首先教導我世界觀的語言「是無用的」。

10. 寇爾森當然是〈福音派與天主教合作協定〉（"Evangelicals and Catholics Together"）的其中一個創建者。

11. 「在黑暗中發光」，在修訂版中更為重要，一些篇章經重新安排，令這本書以〈照亮黑夜〉和〈去燃點你的燭光〉這兩章作結。這個重新安排反映作者在九一一後的回應，但也似乎失去了前一個版本的某些牢固根基。那個版本以「敬畏主是開始」和「在上帝面前」作結。

12. Rick Warren, *The Purpose-Driven Life* (Grand Rapids: Zondervan, 2002)，和 *The Purpose-Driven Church: Growth without Compromising Your Message and Mission* (Grand Rapids: Zondervan, 1995)。

13. Brian D. McLaren, *A New Kind of Christian: A Tale of Two Friends on a Spiritual Journey* (San Francisco: Jossey-Bass, 2001)，和 *The Story We Find Ourselves In: Further Adventures of a New Kind of Christian* (San Francisco: Jossey-Bass, 2003)。

14. Brian D. McLaren, *The Church on the Other Side: Doing Ministry in the Postmodern Matrix* (Grand Rapids: Zondervan, 2000)。這是《改造你的教會》（*Reinventing Your Church*）

的修訂和擴充版。

15. 雖然麥拉倫的教會論和薛華、寇爾森及沃恩相似，但他對我們文化狀況的估計卻不同。其他人對真理的理解主要來自現代性，仍然依靠君士坦丁式安排，但麥拉倫則引用後現代性。有關麥拉倫和寇爾森之間的對話，參 www.anewkindofchristian.com。有關我自己對這些複雜問題的評估，參 Jonathan R. Wilson, *Gospel Virtues: Practicing Faith, Hope, and Love in Uncertain Times* (Downers Grove, IL: InterVarsity Press, 1998) 一書中對現代性和後現代性的當前批評，以及 *Living Faithfully in a Fragmented World: Lessons for the Church from MacIntyre's "After Virtue"* (Valley Forge, PA: Trinity Press International, 1997) 一書中教會與世界的關係的論述。

16. 我讀到下面的陳述，令我的思想變得聚焦得更清晰，並得到鼓勵，那時，這篇文章的論證便開始形成：「很多基督教福音派人士都確信建制性合一的結構必須保持對即興性開放。」參 Carl E. Braaten and Robert W. Jenson, eds., *In One Body through the Cross*, Princeton Proposal for Christian Unity, A Call to the Churches from an Ecumenical Study Group (Grand Rapids: Eerdmans, 2003), 17。完成了這篇文章後，我發現富爾克森（Mary McClintock Fulkerson）在不同的處境中使用相似的話來應用到教會身上，參 "'They Will Know We Are Christians by Our Regulated Improvisation': Ecclesial Hybridity and the Unity of the Church," in *The Blackwell Companion to Postmodern Theology*, ed. Graham Ward (Oxford: Blackwell, 2001), 265～279。

17. 我不能在這裏為即興的教會論建立論據。如果我要這樣做，我想像這會出現兩條論證的路線。其中一條會倚賴對國度－教會－世界之間的關係的正確理解，我在 Jonathan R. Wilson, *God So Loved the World: A Christology for Disciples* (Grand Rapids: Baker, 2001) 第三部分中，描述了這種理解。另一條路線會重述以色列在舊約作為上帝百姓的即興性，以及自從耶穌的來臨，這些即興性在猶太人接著的歷史中存在。

緊扣時代 服事教會

以文字傳揚基督真道

讀者意見表

衷心多謝你購買本社書籍。本社一直致力以出版事工服事教會，幫助信徒扎根於神的話語，促進靈命增長。為使我們的出版更能滿足你的需要，請填寫下列各項資料，並寄回或傳真予本社。

所購書籍：________________

本書最吸引你的地方：

☐作者　☐適切性　☐文筆　☐設計　☐實用性

☐其他：________________

購買本書地點：

☐基道書樓　☐基督教書店　☐非基督教書店

性別：☐男　☐女　職業：________________

信仰：☐基督徒　☐非基督徒

年齡：☐ 16 歲或以下　☐ 17～25 歲　☐ 26～35 歲

☐ 36～55 歲　☐ 56 歲或以上

學歷：☐中三或以下　☐中五　☐預科

☐大學　☐研究院

☐我欲更多了解基道出版社的事工及考慮支持，請寄給我下列資料：

☐機構簡介　☐新書資料　☐基道會員通訊

☐《基道文字事工通訊》

姓名：________________ 電話：________________

地址：________________

____

傳真：________________ 電子郵件：________________

其他意見：________________

____

多謝賜教！

意見表可以傳真（2687-0281）或直接郵寄以下地址：
香港沙田火炭坳背灣街26號富騰工業中心1011室
基道出版社編輯部收